Traude Kogoj · Konrad Mitschka

A.E.I.O.U.

UND DRIN BIST DU

1000 Jahre Österreich

Illustrationen
von Angelika Hergovich

Ueberreuter

Bildnachweis: Österr. Nationalbibliothek, Wien (24); Chorherrenstift, Klosterneuburg, Stiftsmuseum (1); Kunsthistorisches Museum, Wien (2); Historisches Museum der Stadt Wien (1); Institut für Zeitgeschichte, Wien (1); Stiftung Dokumentationsarchiv des österr. Widerstandes, Wien (1); Porsche, Wien (1); Bundeskanzleramt, Wien (2); Präsidentschaftskanzlei, Wien (1); Foto Votava, Wien (1); Hopi-Media, Wien (1); Falco (1); Archiv des Verlages (4).

Besonders danken möchten wir der Österreichischen Nationalbibliothek und Greenpeace für ihre Unterstützung.

Die Deutsche Bibliothek – CIP-Einheitsaufnahme

Kogoj, Traude: A.E.I.O.U. und drin bist du: 1000 Jahre Österreich / Traude Kogoj und Konrad Mitschka. Ill. von Angelika Hergovich. – Wien: Ueberreuter, 1995
ISBN 3-8000-1481-5
NE: Mitschka, Konrad:

J 2247/1

Umschlag und Illustrationen von Angelika Hergovich

Printed in Austria
7 6 5 4 3 2

INHALT

DAS GESCHENK DES KAISERS!!

Vor über tausend Jahren lebt ein reicher Mann namens Otto. Dieser Mann ist Kaiser und besitzt halb Europa. Weil er nicht überall zugleich sein kann, ersucht er andere, auf Teile seines Reiches aufzupassen. So bittet er im Jahr 976 den Grafen Leopold von Babenberg, für ein kleines Land zu sorgen, das im heutigen Nieder- und Oberösterreich liegt. Zwanzig Jahre später ist der dreizehnjährige Sohn von Otto, der ebenfalls Otto heißt, Kaiser geworden. Heinrich, der Sohn von Leopold, paßt auf das Land auf. Am 1. November 996 schreibt der junge Kaiser Otto eine Urkunde. Darin steht, daß er einem Bischof einige Wälder, Weiden und Wiesen jenes Landes schenkt, auf das Heinrich achtet. So ein tolles Geschenk ist damals für Kaiser nichts Besonderes. Denn wer in den Himmel kommen will, muß Bischöfen tolle Sachen schenken. Aber für uns heute hat die Urkunde besonderen Wert. Denn zum ersten Mal steht der Name des Landes geschrieben: »Ostarrichi«, was damals »Reich im Osten« heißt. Der Name ist bis heute der gleiche geblieben, nur klingt er ein bißchen anders: Österreich. Das Land aber schaut zur Zeit Ottos und Heinrichs ganz anders aus. In Ostarrichi leben nur wenige hundert Menschen. Die meisten von ihnen sind Bauern. Einige Handwerker. 996 gibt es auch nur wenige schöne Häuser in Ostarrichi. Die Menschen leben in einfachen Holzhütten. Nur wenige Ritter besitzen große, steinerne Burgen. Aber alle sind stolz auf ihr Ostarrichi. Und das hat sich ja bis heute nicht geändert.

EIN ECHTER POPPO ...

Für die Entstehung Österreichs sind die Babenberger von großer Bedeutung. Immerhin haben diese Herren über 270 Jahre lang das Land regiert. Das ist zur damaligen Zeit ein Kunststück. Denn eigentlich bekommt immer dann, wenn ein Landeseigentümer stirbt, eine völlig andere Familie die Herrschaft. Weil die Babenberger geschickte Verhandler und treue Gefolgsmänner sind, macht der Kaiser eine Ausnahme. Immer dann, wenn ein Babenberger stirbt, bekommt sein ältester Sohn die »Markgrafschaft Österreich«. Die Babenberger haben einen hervorragenden Ruf. Sie gelten als fleißig, sparsam und fromm. Sie behandeln ihre Untertanen auch besser, als andere Herrscher es tun. Schreiben und lesen können damals übrigens weder Grafen noch Bauern. Diese Kunst ist den Mönchen und Nonnen vorbehalten. Deswegen geht es in vielen alten Schriften um kirchliche Belange. Die älteste österreichische Dichtung befaßt sich aber nicht mit Herren, Heiligen oder hohen Priestern. Sondern mit Hunden. Der »Wiener Hundesegen« soll die kleinen Vierbeiner vor Unglück schützen. Fast so alt wie der »Wiener Hundesegen« ist ein Gebet aus Klosterneuburg, in dem Gott um Vergebung der Sünden gebeten wird. Die erste Dichterin, die in deutscher Sprache schreibt, ist

Einen Stammbaum zu zeichnen ist eigentlich ganz leicht.
Du benötigst ein Blatt Papier und einen Bleistift.
Wie das Wort Stammbaum schon sagt, beginnst du mit dem Stamm. Das sind deine Eltern. Die Äste, die aus dem Stamm ragen, sind deine Geschwister und du. Du kannst aber auch mit deinen Großeltern oder Urgroßeltern beginnen. Mit Hilfe deiner Eltern oder Verwandten kannst du vielleicht sogar einen richtig großen Stammbaum zeichnen.

die Einsiedlerin Ava aus Melk. Neben Büchern und Gebeten schreiben Mönche und Nonnen auch Urkunden, Verträge und Briefe für die Adeligen. Oder sie zeichnen Stammbäume. Das wirkt sich auch auf die Babenberger aus. Einer der Babenberger, der Bischof Otto von Freising, wird der wichtigste Geschichtsschreiber dieser frühen Jahre. Von ihm stammt der Name »Babenberger«. Er leitet ihn von der deutschen Burg »Babenberch« ab. Dort aber hat nie ein österreichischer Babenberger gelebt! In Wirklichkeit ist ein Adeliger namens Poppo von Grabfeld der Vorfahre der österreichischen Markgrafen. Strenggenommen müßten sich alle seine Kinder und Enkeln also »Popponen« nennen. Aber wer will schon so heißen! Weil »Poppo« ein denkbar ungünstiger Name ist, erfindet Otto von Freising den Namen »Babenberger« für seine Familie. Und dabei ist es bis heute geblieben.

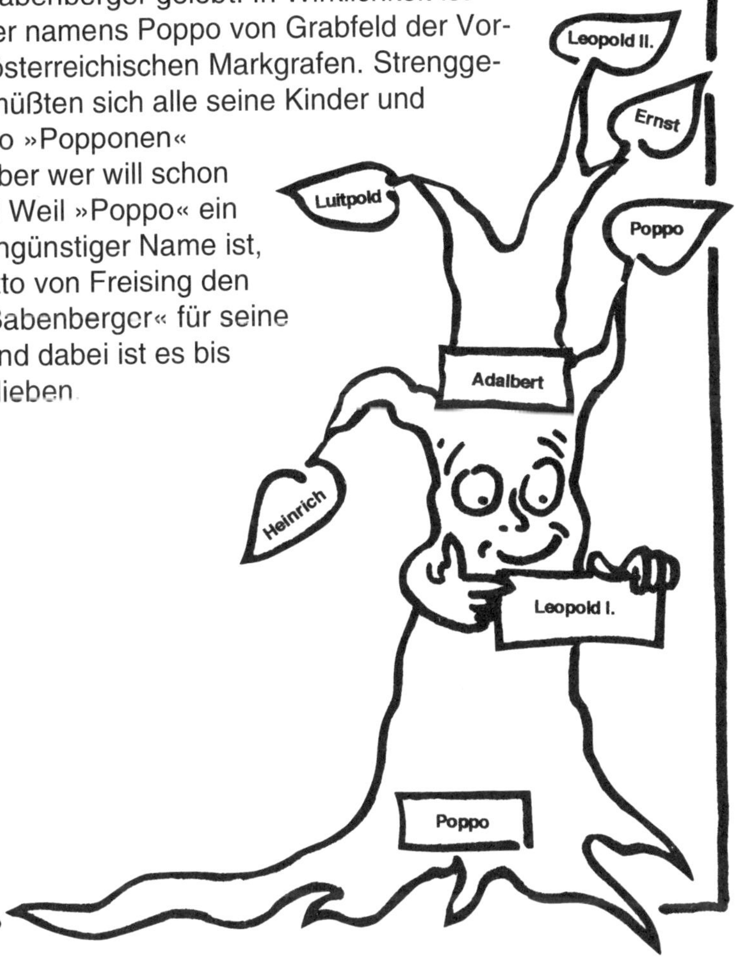

SCHNABELSCHUHE FÜR MODEBEWUSSTE

»Sie sind rasiert wie Diebe und haben lange Haare wie Mädchen!« So empört sich ein Mönch über die adelige Jugend seiner Zeit. Die Haartracht ist lockig und lang bis über die Schulter. An den Füßen tragen die jungen Adeligen Schnabelschuhe mit übergroßen Spitzen. Und die Ärmel ihrer Hemden hängen in der Regel weit über das Knie. Auch Männer tragen damals Röcke. Diese sind bis zum Po geschlitzt. Darunter tragen sie Strumpfhosen aus Leder oder Stoff oder gar nichts. Hosen aus rotem Scharlach dürfen nur die Tapferen tragen. An den Kleidern erkennt man, ob jemand arm oder reich ist. Im Mittelalter ist es nur den Reichen gestattet, Kleider aus Seide, Hermelin und Zobelpelze zu tragen. Auch die Farben Rot, Grün, Weiß und Gelb bleiben ihnen vorbehalten. Wie groß der Luxus bei den Reichen ist, das erkennt man an einem Festkleid der Herzogin von Tirol. Es besteht aus 6000 vergoldeten Perlen, 6000 Korallen, weißen Perlen, drei Ketten aus andersfarbigen Perlen und sechs eingestickten Seidentüchern. Die kostbaren Stoffe, Edelsteine, Goldplättchen und Pelze kommen aus Italien, Griechenland oder Marokko. Bei Festlichkeiten tragen die Damen der hohen Gesellschaft mehrere Kleidungsstücke übereinander. Wenn die Damen jung sind, dann schmücken sie ihren Kopf mit Blumenkränzen oder verzierten Reifen aus Edelmetall. Verheiratete Damen tragen ein Tuch um den Kopf und verhüllen ihr Gesicht mit einem Schleier. Das Tuch um den Kopf soll sie daran hindern, andere Männer zu küssen. Modern ist im Mittelalter auch eine meterlange Schleppe. Den krönenden Abschluß aber bildet ein Überhang aus feinem Pelz. Umhüllt eine

Frau einen anderen Menschen mit diesem Überhang, so bedeutet das Schutz und Zuneigung. Von all dem Prunk ist bei einfachen Leuten nichts zu sehen. Den Bürgern beispielsweise ist das Tragen von Pelz nicht erlaubt. Am härtesten aber trifft die Kleiderordnung die Bauern. Das Schuhwerk der Bauern darf nicht besser als aus Rindsleder gefertigt sein. Bei der Arbeit müssen sie sich in grauen, hausgemachten Loden hüllen. Bei Feierlichkeiten ist ihnen das Tragen von blauem Wollstoff erlaubt. Und während die Edelleute eine Menge Stoff für ihre Kleider verwenden – bis zu vierzig Falten in einem Kleid ist die Regel –, dürfen die Bauern ganze vier Falten in ihren Röcken haben. Und das auch nur, damit sie sich bei der Arbeit besser bewegen können. Heute unvorstellbar ist die Anzahl der Kleidungsstücke. Die Armen haben ein einziges Gewand. Sie tragen es so lange, bis es völlig zerschlissen ist. Die Reichen dürfen sich höchstens vier neue Röcke im Jahr kaufen.

DER HEILIGE VERRÄTER

In der Sage klingt alles viel hübscher: Im Jahr 1106 streitet Markgraf Leopold III. mit seiner Frau, der Kaisertochter Agnes. Die zwei können sich nicht einigen, wo sie ein neues Kloster gründen wollen. Plötzlich reißt eine heftige Windbö der Gräfin den Schleier vom Kopf. Auch nach stundenlangem Suchen wird der Schleier nicht gefunden. Gräfin Agnes ist tief betrübt. Immerhin ist es jener Schleier, den sie knapp zuvor bei ihrer Hochzeit getragen hat. Markgraf Leopold gelobt daraufhin, das Kloster dort zu errichten, wo man den Schleier wiederfinden wird. Acht Jahre später, am 12. Juni 1114, passiert das Wunder: Während der Wildschweinjagd findet Leopold den Schleier zufällig wieder. Prompt legt er am Fundort den Grundstein fürs Kloster Klosterneuburg. Die Wahrheit sieht viel langweiliger aus: Leopold III. will einfach in der Nähe seiner neuen Burg ein Kloster haben. Die neue Burg steht in Neuburg an der Donau, das Kloster heißt daher Klosterneuburg. Es ist übrigens nicht das einzige Geschenk Leopolds an die Kirche. Er beschenkt die Klöster Melk, St. Nikola bei Passau, Göttweig und Berchtesgaden mit Ländereien und gründet Heiligenkreuz, Kleinmariazell im Wienerwald sowie zahlreiche Pfarren im heutigen Niederösterreich. Der Vorteil für den Markgrafen liegt darin, daß Mönche und Pfarrer ihr Land eifrig be-

Leopold III.

arbeiten. So wird Österreich Stück für Stück vom Urwald zum Ackerland. Für seine Taten wird Leopold III. 1485 heiliggesprochen. Dabei hat er zu Anfang seiner Herrschaft schweren Verrat geübt. Seit 1075, dem Geburtsjahr Leopolds, stehen einander der Papst und der Deutsche, Kaiser Heinrich IV., gegenüber.

Der Papst will allein in der Kirche das Sagen haben. Der Kaiser will Bischöfe einsetzen, wie er es will. Der Einsatz von Bischöfen heißt Investitur. Deswegen heißt der Streit heute »Investiturstreit«. Lange bleibt der Konflikt unentschieden. Bis sich Heinrich V., der Sohn Heinrichs IV., gegen seinen Vater wendet. In der entscheidenden Schlacht geht Leopold III. mitten in der Nacht vom Vater zum Sohn über. Letzterer gewinnt. Gibt Leopold als Belohnung reiche Geschenke und Ländereien. Damit wird der Reichtum der Babenberger begründet. Leopold III. stirbt als reicher Markgraf mit ruhigem Gewissen. Am 15. November 1136 erliegt er während einer Wildschweinjagd einem Unfall.

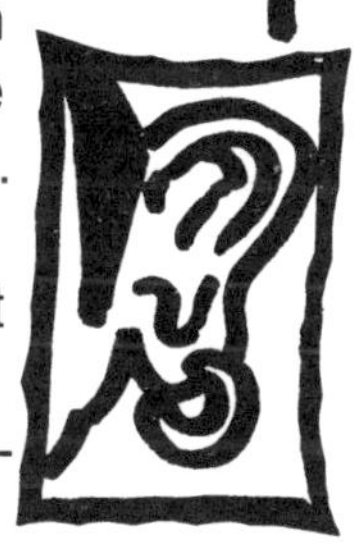

Teste dein Gedächtnis!

Hätte sich Leopold III. besser gemerkt, wo der Schleier hingeflogen ist, hätte er nicht so lange suchen müssen. Du hast es besser: Hier kannst du dein Gedächtnis testen. Laß einen Freund zuerst zehn Begriffe aufschreiben. Du liest seine Liste – und mußt sie nach einer Minute wiederholen. Dann soll dein Freund zehn andere Begriffe aufsagen. Nach einer Minute mußt du sie wiederholen. Wobei hast du dir mehr gemerkt? Beim Lesen? Du bist also ein »visueller Typ«. Du solltest für die Schule durch Lesen und Anschauen lernen. War's beim Hören, bist du ein »auditiver Typ«. Du solltest dir daher Lernstoff laut aufsagen oder vorsprechen lassen!

EISEN FÜR DIE EWIGKEIT

Tolle Ritterrüstungen, Waffen und Messer haben eines gemeinsam: Sie werden im Mittelalter aus Eisen hergestellt. Und der Berg, der bei der Eisengewinnung alle überragt, ist der steirische Erzberg. 1150 wird er das erste Mal in einer Urkunde erwähnt. Und das mit gutem Grund: Kommt doch gerade im steirischen Erzberg der Spateisenstein in besonders reiner Form vor. Frei vom ätzenden und übelriechenden Schwefel ist das Schmelzen des Spateisensteins nicht ganz so gefährlich wie anderswo. Trotzdem haben es die Bergleute nicht gerade leicht. Das Erz muß händisch abgebaut werden. Die kleinen Gruben sind in der Regel nicht befestigt, weshalb es oft vorkommt, daß die Leute in den Bergwerken einfach verschüttet werden. Aber auch das Schmelzen des Erzes birgt viele Gefahren. Ohne jede Schutzbekleidung müssen die Bergleute an den gemauerten Öfen hantieren. Da hilft auch der Blasebalg nur wenig, der um 1200 erfunden wird. Neben dem Erzbergwerk in der Steiermark gibt es auch andere bedeutende Gruben in Österreich. In Schwaz in Tirol baut man Silber ab, in Gastein und Rauris Gold, in Hall Salz, ebenso am Dürrnberg bei Hallein. Im Lauf der Jahrhunderte werden immer mehr Bergleute in Österreich beschäftigt. So gibt es um 1550 in Schwaz bereits 11 000 von ihnen. Die große Zahl der Beschäftigten führt übrigens auch dazu, daß die Bergarbeiter die ersten sind, die sich zusammenschließen. In sogenannten Bruderschaften wird für Witwen und Waisen genauso gesorgt wie für kranke Bergarbeiter. Im Jahre 1510 wird in Schwaz sogar das erste Berufskrankenhaus in Österreich gegründet. Heute sind in Österreich alle Berufsgruppen gemeinsam organisiert. Der Österreichische Gewerkschaftsbund hat die Aufgabe, für Arbeiter und Angestellte in Not zu sorgen. Damals aber,

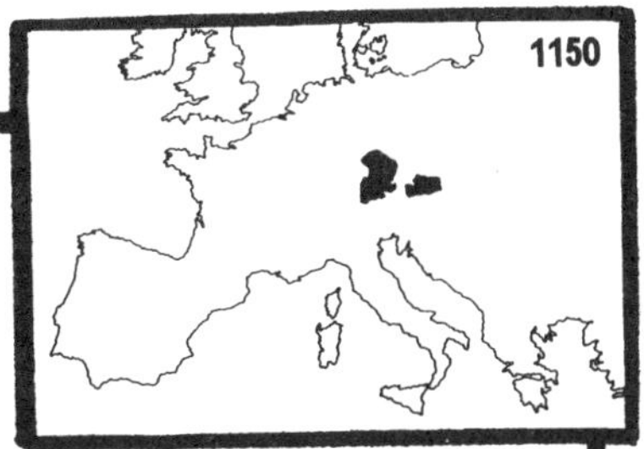

1150, als der steirische Erzberg das erste Mal erwähnt wird, gehört die Steiermark noch gar nicht zu Österreich dazu. Sie ist ein eigenes Herzogtum. Aber dann beginnt der Herrscher der Steiermark an einer schweren Krankheit zu leiden. Otakar IV. hat die Elefantiasis. Tatsächlich lassen ihn seine geschwollenen Glieder wie einen kleinen Elefanten aussehen. Niemand kann ihn heilen. So trifft Otakar im August 1186 den österreichischen Herzog Leopold V. auf dem Georgenberg bei Enns. Hohe Würdenträger sind anwesend, als Leopold mit einem Handschlag feierlich erklärt, in der Steiermark für Friede und Gerechtigkeit zu sorgen. Diese Erklärung heißt »Georgenberger Handfeste«. Sechs Jahre später stirbt Herzog Otakar IV., und Leopold erbt sein Land. Ab da gehört die Steiermark zu Österreich.

Bastle dir eine Sparbüchse! Nimm die Deckel von zwei Käseschachteln mit einem Durchmesser von 8 cm. In einen davon schneidest du mittig einen Schlitz von 3 cm Länge. Nun beklebst du ein Stück Pappkarton mit den Maßen 26 x 20 cm mit bunten Papiersternen und Figuren. Das klebst du an die Innenseite der Käseschachteln. Das Ganze sollte jetzt wie ein Zylinder aussehen. Fehlt bloß noch das Geld – aber dafür sind deine Eltern zuständig!

DER KLEINE VORTEIL

Vom Aussehen her gleicht der Babenberger Heinrich II. eher einem Mädchen denn einem kraftstrotzenden Markgrafen. Seine Gesichtszüge sind fein. Sein Bartwuchs gering. Sein Haar trägt er lang und wallend. Manche glauben, daß sein Lieblingsspruch »ja, so mir Gott helfe« ist. Und daß man ihn deswegen Heinrich II. Jasomirgott nennt. Schon im Alter von 29 Jahren zählt er zu den reichsten seiner Sippe. Heinrich ist Markgraf von Österreich und Herzog von Bayern. Letzteres allerdings nur kurz, denn die Welfen, denen Bayern früher gehört hat, bekriegen Heinrich. Am Ende gibt der Deutsche, Kaiser Friedrich Barbarossa, Bayern an die Welfen zurück. Aber weil er den österreichischen Babenberger nicht völlig leer ausgehen lassen kann, ernennt er ihn 1156 zum Herzog. Zum Zeichen der neuen Macht gibt der Kaiser Heinrich zwei Fahnen – und einen tollen Vertrag. Dieser Vertrag heißt »privilegium minus«, auf deutsch »der kleine Vorteil«. Das besondere daran sind die Rechte des Herzogs und der Herzogin. Die Herzogswürde kann von den Söhnen wie auch von den Töchtern der Babenberger geerbt werden. Wenn der Herzog keine Kinder hat, kann er seinen Nachfolger bestimmen. Ohne Zustimmung des Herzogs oder der Herzogin darf in Österreich niemand Richter sein. Und der Herzog muß nur noch an jenen Kriegszügen des Kaisers teilnehmen, die in den

österreichischen Nachbarländern stattfinden. Ausgestattet mit diesen Rechten, wählt Heinrich Wien statt wie bisher Klosterneuburg zu seiner Residenzstadt. Und damit alle seine Untertanen gleich merken, wie wichtig dem Herzog seine Hauptstadt ist, baut er Wien großzügig aus. Er läßt das Schottenstift errichten und den Stephansdom verschönern.

Heinrich II. war mit Theodora Kommena, der Nichte des Kaisers von Byzanz, verheiratet. Byzanz ist der frühere Name von Istanbul, einer großen Stadt in der Türkei. Mit Theodora ist eine Menge Orientalisches nach Wien gekommen. So zum Beispiel ein Wiegenlied, das noch heute in Österreich gesungen wird. Theodora soll so ihren Sohn, den späteren Leopold V., in den Schlaf gesungen haben:
»Aber heidschi bum beidschi, schlaf lange, es is ja dei Muatter ausgange, sie is ja ausgange und kimmt nimmer hoam und laßt das kloa Büable ganz alloan. Aber heidschi bum beidschi bum bum, aber heidschi bum beidschi bum bum.«

30 MILLIARDEN LÖSEGELD

Der 4. Februar 1194 ist für Leopold V. ein wahrer Glückstag. Denn an diesem Tag bekommt der Herzog von Österreich vom englischen König Richard Löwenherz rund 25 Tonnen Silber ausgehändigt. Das sind etwa 30 Milliarden Schilling. Der Grund dafür liegt drei Jahre zurück.

1191 nehmen Leopold und Richard als christliche Ritter am dritten Kreuzzug teil. Tatsächlich gelingt den beiden Kreuzfahrern die Eroberung der Hafenstadt Akkon im heutigen Israel. Mit dem Erfolg beginnen auch die Streitereien zwischen den beiden. Das geht soweit, daß der englische König Richard Löwenherz eines Nachts auf einen Turm klettert, die Fahne Leopolds entfernt und sie in ein Klo wirft. Eine unerhörte Tat, die Leopold sehr persönlich nimmt. Als Richard ein Jahr später auf seinem Heimweg nach England Österreich durchquert, bekommt Leopold endlich die Gelegenheit, sich zu rächen. Da nützt es dem schlauen Richard auch nichts, daß er sich als Pilger verkleidet. In einer Schenke in Wien-Erdberg ist seine Reise zu Ende. Dort dreht König Richard sein Huhn am Spieß. Dabei blitzt sein Siegelring auf. Der Erdberger Wirt erkennt den Ring. Als Richard seine Zeche auch noch mit byzantinischen Goldstücken bezahlt, hat der Wirt keinen Zweifel mehr und ruft die herzoglichen Wachen. Richard landet im Verlies der Burg Dürnstein. In England regiert zu dieser Zeit Johann ohne Land, den Robin Hood heftig bekämpft. Die Sage erzählt, daß Blondel, der Sänger von König Richard, sich auf die Suche nach seinem Herrn macht. Vor jeder Burg

Präge dein eigenes Geld!
Du brauchst eine Kartoffel oder Holz, ein Messer und Wachs. Du schnitzt in die Kartoffel ein Bild (z. B. eine Kröte), den Wert (z. B. 10) und gießt heißes Wachs in die Kartoffel. Wenn das Wachs kalt und hart ist, kannst du deine neue Münze herausnehmen.

in Österreich singt er seine Lieder. Erst bei Dürnstein antwortet ihm die Stimme seines Königs. Solcherart gefunden, muß Richard nur noch 25 Tonnen Silber zahlen. Dann ist er frei. Leopold errichtet eine Münzstätte in Wien, um aus dem Silber Wiener Pfennige zu prägen. Mit diesen kann man künftig in Österreich zahlen. Das war nicht immer so. Im Mittelalter war es noch üblich, Sachen gegen andere Sachen auszutauschen. So bekam man für eine Gans einen halben Scheffel Mehl. Oder für zwei Maß Honig eine Henne. Erst mit den Babenbergern bildet sich in Österreich eine eigene Währung heraus. Zunächst der Kremser Pfennig und später der Wiener Pfennig Herzog Leopolds. In Salzburg oder Kärnten, das damals noch nicht zum Herzogtum Österreich gehört, verwendete man beispielsweise Denare und den Friesacher Pfennig. Jetzt gilt in ganz Österreich der Schilling. Noch heute wird das Hartgeld unserer Heimat in der »Münze Österreich« in Wien hergestellt: Groschen und Schillinge. Und in einigen Jahren vielleicht die ncuc Europawährung.

Popstars im Mittelalter

Voller Inbrunst singt der Mann mit hoher Stimme Liebeslieder. Seinen Gesang begleitet er mit der Harfe, der Fiedel oder der Laute. Die Damen der Gesellschaft bei Herzog Friedrich I. sind entzückt. Denn ihnen zu Ehren singt der bedeutendste Minnesänger: Walther von der Vogelweide. Minnesänger, das heißt Liebessänger. Früher nannte man die reine Liebe »Minne«. Walther von der Vogelweide ist nicht der einzige fahrende Sänger seiner Zeit. Der Steirer Ulrich von Liechtenstein ist fast genauso bekannt wie er. Beide singen zu Ehren der Frauen. Erhoffen sich Gunstbeweise von ihnen. Wie zum Beispiel ein Winken oder ein Seidentuch. Anders der Minnesänger Neidhart von Reuenthal. Weil sein Mädchen einem Bauernburschen folgt, singt er nur mehr von der Dummheit der Bauern und der Treulosigkeit der Frauen. Trotzdem gefallen seine Lieder dem österreichischen Herzog. Neidhart bekommt ein Haus in Melk. Ungewöhnlich viel! Sonst bekommen Sänger, Zauberer und Tänzer alte Herrscherkleider oder ein paar Goldmünzen. Walther von der Vogelweide, der um 1170 in Südtirol geboren wird, lebt anfangs am Hof von Herzog Friedrich I., wo er sehr beliebt ist. Als Friedrich stirbt, wirft der neue Herzog den Minnesänger 1198 hinaus. Aber der deutsche König Friedrich II. nimmt Walther herzlich auf. So erleidet Walther von der Vogelweide ein typisches »österreichisches Schicksal«: im Inland verkannt und im Ausland verehrt.

Neidhart von Reuenthal

Ich kam gegangen
zu der Wiese:
Mein Geliebter war schon vor mir da.
Und er begrüßte mich mit
»Schönste Herrin!«
Darüber bin ich für immer glücklich.
Ob er mich küßte? Tausendmal!
Tandaradei ,
seht, wie rot mein Mund ist.

STADTLUFT MACHT FREI

Unter den europäischen Fürsten rangiert der österreichische Herzog Leopold VI. ganz oben. Der erste ist der König von Böhmen, der rund 100000 Mark pro Jahr an Einnahmen für sich verbuchen kann. Mit 60000 Mark belegt Leopold VI. den stolzen zweiten Platz. Leopold ist aber nicht nur reich. Er hat auch einen besonderen Spleen. Für Normalsterbliche kaum vorstellbar, kauft er mit Vorliebe ganze Städte wie zum Beispiel Linz, Wels, Lambach und Freistadt im Mühlviertel. Hier läßt er dann als Stadtherr seine Leute für sich arbeiten und verdient ganz gut dabei. Bis in Österreich allerdings richtige Städte entstehen, vergeht viel Zeit. Ursprünglich findet der Handel mit Waren im Inneren der Burg statt. Die Händler zahlen Marktzoll und genießen den Schutz, den ihnen die befestigte Burg bietet. Aus diesen Burgen entstehen im Lauf der Zeit Städte. Erkennen kann man sie am Namen: zum Beispiel Hainburg oder Judenburg. Andere Städte entstehen, indem Siedlungen mit einer Burg zusammenwachsen, wie es in Wien, in Krems oder in St. Veit an der Glan der Fall ist. Zumeist sind es hörige Handwerker, aber auch freie Kaufleute, die sich an einer Straßengabelung oder an einem wichtigen Fluß unweit einer Höhenburg niederlassen. Hörig bedeutet, daß der Handwerker auf jeden Fall auf seinen Grundherrn

hören muß – also jeden seiner Befehle auszuführen hat. Schließlich werden Städte aus dem Boden gestampft. So dient die Gründung von Wiener Neustadt durch Leopold V. als Schutzwall gegen kriegerische Einfälle der Ungarn. Das Stadtrecht wird vom Landesfürsten, von hochrangigen Adeligen oder geistlichen Landesfürsten vergeben. Leopold VI. zum Beispiel erfindet 1221 das Wiener Stapelrecht. So müssen fremde Kaufleute, die die Donau oder andere Fernstraßen benützen, ihre Waren in Wien innerhalb von zwei Monaten an die ansässigen Händler verkaufen. Sonst müssen sie eine hohe Ausfuhrgebühr zahlen und die Waren mitnehmen.

Insgesamt werden im 13. Jahrhundert 49 Siedlungen zu Städten erhoben. Heute gibt es in Österreich 158 Städte, und es genügt, daß man in der Stadt geboren wird, um deren Bürger zu sein. Im Mittelalter ist dies anders. Nur Leute, die Grundbesitz in der Stadt haben, ehelich geboren und unbescholten sind, dürfen sich Bürger nennen. Außerdem müssen die Bürger die Stadt im Notfall gegen Feinde verteidigen und an der Erhaltung der Stadtmauer mitarbeiten. Andererseits aber können die Bürger über ihren Besitz frei verfügen, ein Recht, das den Bauern damals noch nicht zusteht. Doch nicht alle Menschen, die in der Stadt leben, sind Bürger. Viele von ihnen sind Hörige des Stadtherrn und müssen ihn sogar um Erlaubnis fragen, wenn sie heiraten wollen. Aber wenn sie ein Jahr in der Stadt leben, dann sind sie frei und können über sich selbst entscheiden.

TRAUMBERUF RITTER

Hoch zu Roß sieht man den Ritter durch die Lande ziehen. Eingezwängt in Kettenhemd und Brustpanzer wirkt er starr und unbeweglich. Auf dem Kopf trägt er einen Helm, in seinen Händen hält er die Lanze und ein mandelförmiges Schild, an seiner Hüfte hängt das Schwert. Um das Jahr 1000 zählen die adeligen Ritter zu den treuesten Gefolgsleuten der Fürsten, der Kirche und des Königs. Sie folgen ihnen in den Krieg und bekommen als Lohn Ländereien. Die Ritter leben in Burgen. Wenn Händler vorbeikommen, müssen sie den Rittern Geld zahlen. Aber nicht alle Ritter sind dabei fair. Das bekannteste Beispiel sind die Brüder Hadmar und Heinrich von Kuenring. Damals nennt man sie wegen ihrer Bösartigkeit und Wildheit »die Hunde«. Obwohl sie zu den reichsten Adeligen im Herzogtum Österreich zählen, plündern sie immer wieder ihre Umgebung. So legen sie im Jahr 1231 die Städte Krems und Stein in Schutt und Asche. Und nicht nur das. Immer wenn sich ein Schiff der Kuenringerburg Aggstein an der Donau nähert, kommt es zum gezielten Überfall. Wächter blasen in ihre Hörner. Knechte spannen eiserne Ketten über die Donau. Das Schiff wird ausgeraubt. So geschieht es auch im Jahr 1231. Doch diesmal ist der Schiffer klüger. Der Wiener Händler Rüdiger hat unter Deck 30 Bewaffnete versteckt. Diese besiegen die Raubritter und schleppen sie vor den Herrscher, Herzog Friedrich den Streitbaren. Der Herzog aber gibt Hadmar und Heinrich ihre Freiheit und die Burgen Aggstein und Dürnstein zurück. Erst im Jahre 1594, nach zahlreichen weiteren Verfehlungen, endet die sagenumwobene Herrschaft der Kuenringer.

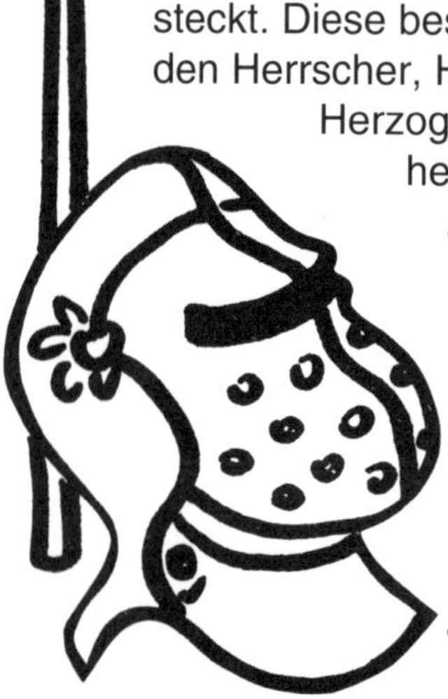

Bastle deine Burg!
Nimm ein Stück Pappkarton und schneide ein Rechteck von 71 cm x 12 cm aus. An einer der langen Seiten schneidest du die Zinnen ein. Auf der anderen langen Seite schneidest du das Burgtor aus und in der Mitte die Fenster. Danach faltest du das Stück zuerst bei 20 cm, danach bei 35 cm, dann bei 55 cm und schließlich bei 70 cm. Mit den übriggebliebenen Zentimetern klebst du die Ränder mit Klebstoff aneinander. Für die Türme empfehlen sich die Maße 8 cm in Breite und Länge und 20 cm in der Höhe (= Pappkarton 33 cm x 20 cm). Vergiß beim Spiel nicht: Die frühen Burgen sind grau und stehen meistens auf einem hohen Berg. Wassergräben kommen erst in späterer Zeit hinzu!

ROT WIE BLUT, WEISS WIE SCHNEE

Wir schreiben den 12. Juli 1191. Der österreichische Herzog Leopold V. befindet sich gerade in der Hafenstadt Akkon, die im heutigen Israel liegt. Mit Schwert und Lanze kämpft Leopold unerbittlich gegen die Heerscharen des Sultans. Das tun damals viele Adelige aus Europa. Ihnen geht es darum, den Mohammedanern das Heilige Land wegzunehmen und unter christliche Herrschaft zu stellen. Diese Kriege nennt man Kreuzzüge. Bei diesem Kreuzzug siegen die Christen bei Akkon. Doch Leopold V. ist verletzt. Von seinem ursprünglich reinweißen Waffenkleid tropft das Blut. Man nimmt ihm seinen Schwertgurt ab, und dann passiert das Unfaßbare: Während das Kleid durchtränkt von rotem Blut ist, leuchtet an der Stelle des Schwertgurtes ein reinweißer Streifen. Rot-weiß-rot – wie das Waffenkleid – sind künftig auch die Wappenfarben des Herzogtums Österreich. Diese Legende vom Ursprung der österreichischen Staatsfarben vertreten auch heute noch einige Geschichtsschreiber. Die Wahrheit aber sieht anders aus. Nicht Leopold, sondern sein Enkel Herzog Friedrich II. ist der Schöpfer der rot-weiß-roten Landesfarben. Und das ist für viele Geschichtsschreiber ärgerlich. Denn im Gegensatz zum tugendhaften Opa ist Friedrich II. ein wahrer Streithahn. Er plündert das Vermögen seiner Mutter, überwirft sich mit dem deutschen Kaiser und vielen Bischöfen. Er kämpft gegen die Bayern, Böhmen, Ungarn und Mongolen. Und weil er so zänkisch ist, wird

Leopold V.

er auch bald schon »der Streitbare« genannt. Sein größter Wunsch ist die Eigenständigkeit Österreichs. Er versucht sogar, durch die Verheiratung seiner Nichte Gertrud mit Kaiser Friedrich II. Österreich zum Königtum zu machen. Gertrud aber verweigert die Hochzeit. Nur wenige seiner großen Pläne kann Friedrich von Österreich verwirklichen. Zum Beispiel schafft er ein eigenes Wappen. Modebewußt, wie Friedrich außerdem ist, wählt er für sein Schild eine strenge Dreiecksform, die mit den Farben Rot-Weiß-Rot übermalt ist. Bewaffnet mit diesem sogenannten »Bindenschild« zieht Friedrich der Streitbare in seine letzte Schlacht an der Leitha im Jahre 1246. Mit Friedrich stirbt nach 270 Jahren Herrschaft der letzte Babenberger. Seine Farben aber leben bis heute in der Staatsfahne weiter.

Bastle dein eigenes Wappen, du kannst dabei die wahre Bedeutung deiner Farben beachten!

Gold: Vollkommenheit und Stärke
Gelb: Ewigkeit, Demut
Silber und Weiß: Liebe, Unschuld
Rot: Tapferkeit, Großmut, Macht
Blau: Treue, Wahrheit
Grün: Hoffnung, Ausdauer
Braun: Gesundheit, Bodenständigkeit
Schwarz: Unheil
Purpur: Reichtum, Weisheit
Orange: Ordnung, Milde

WIE EIN AS IM ÄRMEL

Es ist eine seltsame Ehe, die da am 11. Februar 1252 geschlossen wird. Der 23jährige Sohn des Böhmenkönigs, Přemysl Ottokar II., heiratet die 47jährige Margarete. Das ist so, als würdest du heute die beste Freundin deiner Mutter heiraten. Doch Ottokar hat gewichtige Gründe. Denn Margarete bringt Österreich als Mitgift in die Ehe ein. Sechs Jahre nach dem Tod des letzten Babenbergers und zwei Jahre nach dem Tod des letzten deutschen Königs wird Ottokar so zum mächtigsten Mann seiner Zeit. Er beherrscht das heutige Niederösterreich, Oberösterreich, die Steiermark, Kärnten sowie Böhmen und Mähren, Teile Norditaliens und Norddeutschlands. Für viele Fürsten wird er zu mächtig. Deswegen wählen sie 1273 nicht Ottokar, sondern einen 55jährigen Grafen zum König. Rudolf von Habsburg, dessen Familie von der Habichtsburg in der Schweiz abstammt, wird so zum rechtmäßigen Herrscher Österreichs. Doch Ottokar will das Land nicht mehr hergeben. Erst als Rudolf 1276 mit deutschen Rittern einmarschiert, zieht sich Ottokar vorläufig nach Böhmen zurück. Damit beginnt

Rudolf I.

die Herrschaft der Habsburger über Österreich, die – mit Unterbrechungen – bis 1918 dauert. Sie beginnt übrigens nicht glücklich. Die meisten Österreicher mögen Rudolf anfangs nicht und wollen Ottokar zurück. Prompt rückt dieser mit einer riesigen Streitmacht gegen Wien vor. Rudolf, der vom ungarischen König Laszlo unterstützt wird, stellt sich ihm am 26. August 1278 in einer Schlacht auf dem Marchfeld. Lange bleibt der Kampf unentschieden. Doch Rudolf hat vorausgedacht. Er hat einige Ritter vor der Schlacht versteckt. Wie ein Kartenspieler seine Asse im Ärmel hat. Und gerade, als alles nach einem Sieg Ottokars aussieht, ruft er sie zu Hilfe und siegt schließlich. Ottokar stirbt im Kampf – und Rudolf wird so zum unbestrittenen Herrscher über Österreich.

Am Beispiel Rudolfs wird es deutlich: Man sollte immer etwas in der Hinterhand haben, wenn man gewinnen will. Das gilt auch fürs folgende Kartenspiel: Du brauchst 4 Asse, Zehner, Könige, Damen und Siebener. Jeder der zwei Spieler erhält 10 Karten. Einer spielt aus. Der andere muß nun eine Karte derselben Farbe darauflegen (z.B. Herz zu Herz). Kann er das nicht, muß er eine Karte derselben Höhe hinlegen (z.B. König zu König). Kann er das auch nicht, hat er verloren.

Dafür gibt es folgende Punkte: Anzahl der Runde, in der's passiert ist, mal Kartenwert jener Karte, die zum Sieg geführt hat. Das As zählt 11, der Zehner 10, der König 4, die Dame 3 und der Siebener 7 Punkte. Wenn dein Gegner in der achten Runde nichts mehr auf deine Herz-Dame legen kann, bekommst du 8 (Runde) x 3 (Dame) = 24 Punkte. Nachdem du die Punkte gezählt hast, tauscht ihr das Blatt! Das heißt, dein Gegner spielt jetzt mit den 10 Karten, die du ursprünglich gehabt hast, und umgekehrt. Nach dieser Runde erst wird neu gegeben. Wer zuerst 500 Punkte hat, gewinnt.

WAHRE HEU-SCHRECKEN

Dröhnend poltern gewaltige Baumstämme den Fels hinab. Ein wahres Felsgewitter folgt nach. Danach stürzt sich eine Horde Bauern auf das Ritterheer. Was damals niemand für möglich hält, geschieht. Die Bauern siegen. Sie finden sich im steinigen Gelände besser zurecht als die Ritter. Die Schlacht vom 13. November 1315 am Gebirgspaß Morgarten in der Schweiz hat schwerwiegende Folgen für Österreich. Der Habsburger Leopold verliert die Herrschaft über jenes Land, aus dem seine Vorväter stammen. Die Schweiz wird selbständig. Später erzählen die Schweizer einander Geschichten über den heldenmütigen Bauern Wilhelm Tell, der seinem Sohn einen Apfel vom Kopf schießt. Wilhelm Tell hat es nie gegeben. Die Habsburger müssen nicht lange um den Verlust der Schweiz trauern. Schon 1335 bekommen sie würdigen Ersatz: das Herzogtum Kärnten. Kärnten ist ein reiches Land. Die Klöster St. Paul im Lavanttal, Viktring und Gurk zeigen den Wohlstand deutlich. Immer wieder kommt Geld herein, weil Händler über die Straßen des Loiblpasses und Kanaltals reisen müssen. Slowenen und Deutschsprachige vertragen sich prächtig. Das zeigt sich auch daran, daß der neue Herzog erst nach einer ungewöhnlichen Feier als angenommen gilt. Er muß sich auf den Herzogstuhl aus Stein im Zollfeld setzen. Danach stellt ihm der Edlingerbauer eine Frage. Erst wenn der Herzog sowohl auf slowenisch als auch auf deutsch antwortet, gilt er als gewählt. Der erste Habsburger, der das tut, heißt Otto der Fröhliche. Ab da gehört Kärnten zu Österreich. Zwei Jahre später schließen die Habsburger ein Bündnis mit den Grafen von Feldkirch. Das sichert ihnen langfristig Vorarlberg. Doch das Glück der Habsburger währt nicht lange. Denn 1338 überfallen Millionen Heuschrecken ihr Land und fressen es kahl. 1340 und

1348 führt die Donau Hochwasser und überschwemmt alles in ihrer Nähe. Zu allem Überdruß bebt die Erde in Kärnten und zerstört Villach. Als dann auch noch die Pest Tausende Opfer fordert, beginnen sich die Österreicher zu fürchten. Sie halten diese Katastrophen für Gottes Strafe. Sie glauben das Ende der Welt nahe. Aber wir wissen: Sie haben sich geirrt.

Auch wenn's ein Märchen ist: Die Geschichte von Wilhelm Tell klingt gut. Er muß mit seiner Armbrust einen Apfel vom Kopf seines Sohnes schießen. Dem Tell gelingt der Streich. Und dir? Schneide eine kleine viereckige Scheibe aus Pappkarton aus. Klebe sie an die Wand. Nun müssen sich alle Mitspieler ungefähr drei Meter entfernt aufstellen. Jeder hält sich das rechte Auge zu, geht mit ausgestrecktem Arm und Zeigefinger auf die Scheibe zu. Versucht einmal, den Mittelpunkt der Scheibe genau zu treffen! Das ist gar nicht so leicht. Wer dem Ziel am nächsten kommt, gewinnt. Es ist übrigens deswegen so schwer, weil unser Gehirn ganz automatisch eine Mixtur herstellt. Einen Mix aus dem, was das rechte, und dem, was das linke Auge sieht. Dieser Mix erst läßt uns Entfernungen richtig abschätzen – und Ziele genau anvisieren. Das wirst du auch feststellen, wenn du ein Auge zumachst und auf irgendeinen entfernten Punkt zeigst. Halte nun deinen Zeigefinger ruhig – und mach das andere Auge zu! Der Finger zeigt jetzt ganz woanders hin!

DER ERZSCHELM

Wir schreiben das Jahr 1359. Am Schreibpult des italienischen Dichterfürsten Francesco Petrarca türmen sich Urkunden. Seit mehreren Tagen schon wühlt sich der berühmte Italiener mit seiner Lupe durch den Aktenberg. Seine Augen sind leicht aufgequollen. Seine Glieder schmerzen von der vielen Arbeit. Fehler dürfen dem Gelehrten nicht passieren. Ist doch sein Auftraggeber kein Geringerer als Kaiser Karl IV. höchstpersönlich. Kaiser Karl nämlich glaubt, daß die Urkunden, die ihm sein Schwiegersohn Rudolf IV. vor einiger Zeit vorgelegt hat, gefälscht sind. Weil sich Kaiser Karl allerdings nicht ganz sicher ist, zieht er den größten Denker seiner Zeit zu Rate. Und Petrarca macht seine Arbeit gut. In seiner Beurteilung schreibt er, daß die Urkunden eine »lahme Lüge« sind. Den Fälscher schimpft er einen »Erzschelm«, und diejenigen, die diesen Urkunden glauben, nennt er »Esel«. In der Tat tragen Rudolf IV. und seine Kanzleibeamten in ihren gefälschten Urkunden etwas

Rudolf IV.

zu dick auf. So schreiben sie zum Beispiel, daß bereits die großen Römer Cäsar und Nero den österreichischen Babenbergern besondere Rechte eingeräumt hätten. Wenn man bedenkt, daß diese beiden Herren vor über 1 000 Jahren gelebt haben und zu dieser Zeit von den Babenbergern noch keine Spur war, so ist die ganze Sache von vornherein ziemlich unglaubwürdig. Warum der Habsburger Rudolf IV. die Urkunden fälschen läßt, liegt auf der Hand. Sein Schwiegervater Kaiser Karl IV. aus dem Hause Luxemburg gibt 1356 die »Goldene Bulle« heraus. In dieser Urkunde wird festgelegt, daß der deutsche König von sieben Kurfürsten gewählt wird. Darüber hinaus haben diese Kurfürsten besondere Vorrechte. Der österreichische Habsburger geht leer aus. Das will Rudolf nicht auf sich sitzen lassen. Er läßt zahlreiche Urkunden fälschen und fordert für sich den Titel »Erzherzog«. Dank Petrarca fällt dieser Betrug auf, und Rudolf IV. muß auf seinen neuen Titel verzichten. Hundert Jahre später aber hat die Fälschung Rudolfs IV. Erfolg. Der Habsburger Friedrich wird deutscher König und erkennt die Urkunden seines Vorfahren Rudolf als echt an.

Oft enthalten Urkunden geheime Zusätze! Wenn du etwas schreiben willst, was nicht jeder lesen soll, mußt du das mit Geheimtinte machen. Die brauchst du aber nicht teuer kaufen. Es reicht, wenn du Zitronensaft herstellst. In den tauchst du eine Feder und beginnst zu schreiben. Was du schreibst, kann man erst sehen, wenn man das Papier über eine Kerze gehalten hat. Oder wenn man darüberbügelt!

DAS SCHÖNE BIEST

Die Kinder schreckt sie mit ihrem übergroßen Maul am liebsten im tiefen, dunklen Wald. Die Männer verfolgt sie und macht ihnen den Garaus, noch ehe sie wissen, worum es geht. Margarete Maultasch liefert als »böse Gretl« schon zu ihren Lebzeiten viel Stoff für Volkssagen. Dabei ist Margarete nichts weiter als eine energische Frau mit einer auffallend dicken Unterlippe. Und als Alleinerbin des Kärntner und Tiroler Herzogs Heinrich zählt sie zu den begehrtesten Frauen Europas. Den 24jährigen Habsburger Rudolf IV. verleitet Margarete gar zu einem Ritt quer durch das verschneite Kärnten. Eis und klirrende Kälte nimmt der junge Freier auf sich, um die reiche 45jährige Fürstin zu bekommen. Nicht ohne Grund: Mit seinen Salzbergwerken, Kupfer- und Silberminen zählt das Land Tirol zu den reichsten Europas. Dazu kommen eine eigene Münzstätte und gut ausgebaute Straßen, die für regen Handel mit Italien sorgen. Dieses Tirol wollen viele. Der erste Ehemann ist der böhmische Thronfolger Johann Heinrich. Diesen vertreibt Margarete, indem sie eines schönen Tages einfach die Tore ihrer Burg zufallen läßt, während der

Margarete Maultasch

leicht dusselige Johann Heinrich auf einem Jagdausflug weilt. Ihr zweiter Mann ist der deutsche Königssohn Ludwig von Brandenburg. Ein wahrer Tyrann, der dem Adel das Vermögen wegschnappt. Ludwig stirbt 1361. Als zwei Jahre später Margaretes Sohn stirbt, ist sie verzweifelt und verschenkt wahllos Ländereien. Doch dann kommt der völlig durchnäßte Rudolf und erklärt die Schenkungen für ungültig. Dank einer gefälschten Urkunde ist Rudolf von Österreich bereits seit 1359 Herrscher von Tirol. Margarete und Rudolf ziehen nach Wien. Noch heute erinnert der 5. Bezirk in Wien, der sich nach wie vor Margareten nennt, an die widersprüchliche Frau aus Tirol.

Denk dir einen Beinamen aus!
Seit jeher sind Historiker bemüht, den Großen der Geschichte einen Beinamen zu verpassen. Bei der Tiroler Alleinerbin Margarete ist es der Name »Maultasch«. Manche meinen, daß der Name von ihrem Schloß Maultasch herrührt. Andere glauben, daß der Grund ihr monströser Mund ist oder daß es an ihrer Geschwätzigkeit liegt. Denn in Südtirol nennt man heute noch Vielredner »Maultasch«. Auch du kannst dir einen Beinamen für dich oder deine Freunde einfallen lassen. Doch aufgepaßt: Der Name muß immer irgendwie zur Person passen. Wenn dein Freund Fritz schmatzt, dann kannst du ihn Fritz den Schmatzer nennen. Wem die meisten Beinamen für eine Person einfallen, der gewinnt – und darf sich »königlicher Ideenspender« nennen!

DIE GÜTIGE MUTTER

Es ist ein klingender Name, den Herzog Rudolf IV. seiner Universität gibt: »Alma mater Rudolphina«, auf deutsch »die gütige rudolfinische Mutter«. Der Herzog gründet die Universität im Jahr 1365. Er will es damit seinem mächtigen Schwiegervater Kaiser Karl IV. gleichtun. Dieser hat 17 Jahre früher die erste Universität im deutschsprachigen Raum gegründet. Notwendig werden Universitäten, weil die Menschen in Europa immer reicher, die Arbeit der einzelnen immer unterschiedlicher wird. Damit wird es für den Kaiser auch komplizierter, sein Reich zu verwalten. Er braucht fähige, gut ausgebildete Männer. Zunächst bleibt diese Ausbildung der Kirche überlassen. Wer studieren will, kann das als Mönch in den Klöstern tun – oder muß nach Frankreich und Italien auswandern, wo es bereits Universitäten gibt. Selbst die Universität in Wien ist anfangs unbedeutend. Die damals wichtigste Studienrichtung, die Lehre von der Religion, darf nicht unterrichtet werden. Und das Geld ist so knapp, daß es selbst an Tintenfässern für den Unterricht mangelt. Erst im Jahr 1383 kommt es unter Rudolfs Bruder und Nachfolger Albrecht III. zum Aufschwung. Zahlreiche berühmte Gelehrte ziehen nach Wien, weil sie aus Frankreich vertrieben werden. Außerdem müssen Studenten und Professoren keine Steuern zah-

len. Vergleichsweise hart sind die Regeln im Unterricht. Wenn ein Student flüstert, muß er die Hochschule für immer verlassen. Im Gegensatz zu heute gibt es übrigens keine Altersbeschränkung für Studenten. Elfjährige dürfen genauso studieren wie Vierzigjährige. Nur Latein müssen sie alle können. Den Adeligen gefällt das mühsame Studium damals offenbar wenig. Jeder vierte Student kommt aus einer Bauernfamilie; die meisten sind Handwerker oder Kaufleute, nur einer von hundert Studenten hat adeliges Blut. Aber allen ist eines gemeinsam: Sie sind Männer. Frauen dürfen in Österreich erst seit 1897 studieren.

Lern Latein in fünf Minuten!

Im 14. Jahrhundert hättest du studieren dürfen, wenn du Latein konntest. Hier lernst du Begriffe, mit denen du deine Lehrer und Eltern verblüffen kannst!

Variatio delectat! – Abwechslung macht Spaß!
Pater familias – der Familienvater
Quod licet Iovi non licet bovi – Was Gott erlaubt ist, darf ein Rindvieh noch lange nicht!
Abi in malam crucem! – Geh zum Teufel!
Bibamus! – Lasset uns trinken!
Ad locum! – Setz dich!
Salvo errore calculi – Möglicherweise habe ich einen Rechenfehler gemacht!
Acu tetigisti – Du hast den Nagel auf den Kopf getroffen!
Cui bono? – Wozu?
Flocci non interduim – Das ist keinen Pfifferling wert!
Lapsus calami – Schreibfehler
Quo vadis? – Wohin gehst du?
Tolle, lege! – Nimm und lies es!
Placet! – Okay!

DIE KAISERLICHE SCHLAFMÜTZE

Er gilt als geizig und mißtrauisch. Friedrich von Habsburg wird zu seiner Zeit sogar »kaiserliche Schlafmütze« genannt, weil er erst zu Mittag aufsteht und bei Treffen mit Adeligen gerne einschläft. Dabei hat der 1,80 Meter große, hagere Friedrich viel für Österreich erreicht. Geboren wird er 1415. Schon als Baby zeigt sich jenes Merkmal, das nach ihm zum Wahrzeichen der Habsburger wird. Er hat eine herabhängende Unterlippe. Mit 20 wird Friedrich Herrscher über die Steiermark und Kärnten. Vier Jahre später stirbt sein berühmter Onkel Albrecht V., der König von Deutschland, Ungarn und Böhmen. Und damit fangen die Streitereien für Friedrich an. In den Jahren seiner Regentschaft muß er nacheinander gegen seinen Neffen Ladislaus, seinen Bruder Albrecht und gegen den ungarischen König Matthias Corvinus kämpfen. Außerdem bekriegen Raubritter, unzufriedene Grafen und Bauern den Kaiser. Stets verliert Friedrich. Im Jahr 1485 muß er sogar zulassen, daß Wien unter

Friedrich III.

ungarische Herrschaft fällt. Doch egal, gegen wen er zuerst verliert, am Ende hat Friedrich immer Glück. Seine Gegner sterben früher als er, und er bekommt alles zurück. Die vielen Kämpfe haben zur Folge, daß Friedrich knapp bei Kasse ist. So muß er einmal die ungarische Königskrone verkaufen, um seine Schulden bezahlen zu können. In den wenigen friedlichen Jahren bestimmt Friedrich überwiegend Gutes. Er legt zum Beispiel fest, daß ein Laib Brot und ein Kilo Fleisch nur soviel kosten dürfen, wie ein einfacher Arbeiter jeden Tag verdient. Solche Gesetze bewirken, daß es den Menschen in Österreich besser geht. Sogar der spätere Papst Pius II. staunt über den Reichtum der Wiener. Dabei hat Friedrich die Wiener für ein untreues Volk gehalten. Er hat Wiener Neustadt den Vorzug gegeben. Gestorben ist Friedrich III. im Alter von 77 Jahren in einem einfachen Haus in Linz.

A.E.I.O.U.
Mit 21 Jahren notiert Friedrich III. das erste Mal in seinem Tagebuch, daß sein gesamter Besitz die Buchstaben A.E.I.O.U. tragen solle. Dabei weiß bis heute niemand, was diese Buchstaben bedeuten sollen. Die meisten glauben, daß A.E.I.O.U. »Alles Erdreich ist Österreich untertan« heißt. Ein Satz, der Regenten anderer Länder stets ein Dorn im Auge war. Aber vielleicht bedeutet A.E.I.O.U. ja auch etwas ganz anderes!
Du benötigst ein Blatt Papier und etwas zum Schreiben. Versuch einmal, möglichst viele Sätze aufzuschreiben, in denen das erste Wort mit A, das zweite mit E usw. beginnt. Es können auch ruhig lustige, sinnlose Sätze sein! Wer die meisten Sätze erfindet, gewinnt. Spielst du allein, hier die Wertung:
1 Satz: du wirst Diener!
3 Sätze: du wirst Ritter!
5 Sätze: du wirst König!
Mehr: du bist Kaiser!

DER LETZTE RITTER

Im Gegensatz zum müden Kaiser Friedrich III. ist sein 1459 geborener Sohn Maximilian ein echtes Energiebündel. Von mittelgroßem Wuchs und muskulöser Gestalt ist dem Habsburger kein Kirchturm zu hoch und kein Tier zu gefährlich. So betritt Kaiser Maximilian I. beispielsweise in München einen Löwenkäfig und bändigt prompt das wilde Tier. In Ulm hingegen kraxelt der tollkühne Max auf einen Kirchturm und vollführt nebenbei verwegene Turnübungen. Und in der Martinswand bei Zirl in Tirol, wo er mit einer Lanze nach Gemsen jagt, versteigt er sich schließlich und wartet unerschrocken drei Tage und Nächte, bis der Jäger Oswald Zipper ihn rettet. Dank dieses Abenteuers geht der »Klettermax« übrigens als erster deutscher Bergsteiger in die Weltgeschichte ein. Wo immer Kaiser Max für Unterhaltung sorgt, seine eigentliche Leidenschaft gilt dem Turnier. Schon als kleiner Knabe spielt er mit auf Rädern beweglichen Bronzepferdchen, die mit Schnüren gegeneinander gezogen werden und deren Reiter sich mit kleinen Lanzen aus dem Sattel stoßen können. Als Erwachsener feiert er oft prunkvolle Hoffeste mit anschließendem Turnier. Der strahlende Held ist in der Regel Kaiser Maximilian höchstpersönlich. Und damit ihn alle Hofdamen und Gäste unter den anderen Turnierteilnehmern mühelos erkennen, schmückt der Kaiser seinen Helm mit Straußenfedern. Viel Bewunderung aber

erntet er auch mit seinem eisernen Rüstzeug. Modebewußt – wie der Kaiser nun mal ist – trägt er nur kunstvoll gefertigte Brustharnische, Knieschirme und Stechhelme, die für jedes Turnier speziell angefertigt werden. Aber auch die Pferde sind mit eiserner Roßstirne, Roßhals und anderem Rüstwerk geschützt. Bedenkt man, daß Max an mindestens 64 verschiedenen Turnieren teilnimmt, so ist es nicht weiter verwunderlich, daß die Plattner, so nennen sich die Künstler, die die Ritterrüstung herstellen, zu den reichsten Bediensteten des Kaisers zählen. Als der Kaiser im Alter von 60 Jahren stirbt, geht auch das höfische Turnierspiel seinem Ende zu. Noch heute aber erinnern die Turnierspiele im niederösterreichischen Schloß Laxenburg an die große Zeit der letzten Ritter.

Das Stechen, das Rennen und das Turnier mit mehreren Rittern sind die gängigsten Formen des Ritterspiels. Kaiser Max erfindet noch 17 weitere, bei denen er seine Muskeln spielen lassen kann. Wer gewinnt, bekommt als Preis Turnierrüstung und Pferd des Gegners. Steckt eine Dame dem Ritter ein Tuch zu, so kann dieser bei einem Sieg ihre Liebe gewinnen. Nach dem Kampf verkleiden sich Ritter und Damen und feiern ein Fest namens Mummerey. Mach dir zuhause dein eigenes Turnier nach modernen Regeln! Aus Sesseln, Tischen und anderen Gegenständen kannst du eine Hindernisbahn bauen. Mit einer Stoppuhr nimmst du die Zeit. Wenn du schneller als dein Vater bist, muß er aufräumen. Sonst leider du.

FÜNF, SECHS, ALTE HEX'...

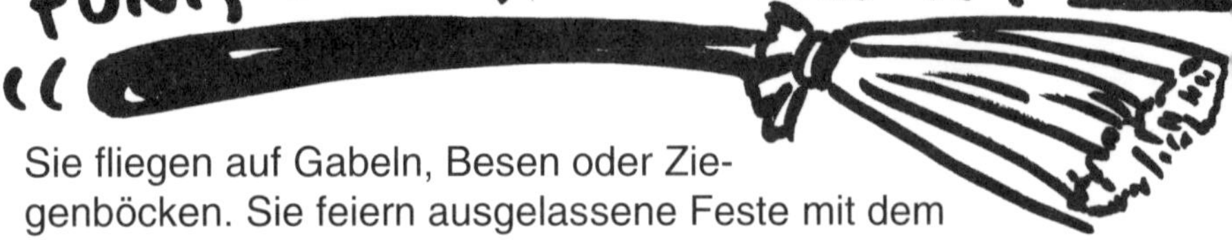

Sie fliegen auf Gabeln, Besen oder Ziegenböcken. Sie feiern ausgelassene Feste mit dem Satan und wollen den Menschen Böses. Sie zaubern Hagel herbei, der die Ernte vernichtet, oder lassen Krankheiten über die Bevölkerung kommen. Die Kraft der Hexen und Zauberer ist unendlich groß. Das glauben die Menschen damals, und aus Angst vor ihnen beginnen sie diejenigen, die sie für Zauberer und Hexen halten, zu jagen. Allen voran die Kirche. Als Grundlage für die Hexenverfolgung dient der »Hexenhammer«, ein Buch aus dem Jahr 1487, in dem genau beschrieben wird, woran man eine Hexe erkennt. Wie man sie foltert, bis sie gesteht. Und daß sie dann verbrannt werden soll. Das geschieht auch. Jahrhundertelang werden so auch in Österreich unschuldige Frauen verfolgt. 1510 werden neun Hexen in Völs bei Bozen hingerichtet. Darunter Anna Jobst, eine Magd und Sennerin, die sich auf das Wettermachen und aufs Milchnehmen versteht. Das heißt, sie kann aufgrund von Tränken und Sprüchen die Milchproduktion der Kühe zum Versiegen bringen. Berühmt wird auch der Plainacher-Prozeß in Wien. Weil die 16jährige Anna unter Epilepsie leidet, glaubt die Kirche, daß ihre 70jährige Großmutter sie an den Teufel ausgeliefert hat. Elsa Plainacher wird gefoltert und gesteht schließlich alles. Anna wird der Teufel ausgetrieben. 12562 Dämonen sollen ihrem Körper entwichen sein. Sie wird danach bei lebendigem Leib verbrannt. Traurige Berühmtheit erlangen auch die Zauberer-Jackl-Prozesse um 1677. Über hundert Menschen werden in Salzburg getötet, weil sie den Zauberer Jackl kennen, der sich regelmäßig mit dem Teufel am Gaisberg treffen soll. Unter den Ver-

brannten befinden sich auch viele Kinder. Auf das Wettermachen soll sich Katharina Paldauf verstehen und auch darauf, im Winter Blumen zum Blühen zu bringen. Deshalb wird sie 1675 hingerichtet. So geht Katharina Paldauf als »Blumenhexe« von der steirischen Riegersburg in die österreichische Geschichte ein. Es hat natürlich niemals Menschen gegeben, die auf einem Besen durch die Luft geflogen sind oder eine Hagelkatastrophe herbeigezaubert haben. Aber die Hexen mußten als Sündenböcke bei Mißernten herhalten, und oft genügte auch nur die rote Haarfarbe oder die Beschäftigung mit Kräutern, um eine Frau als Hexe abzustempeln. Erst Kaiser Joseph II. schafft das Verbrechen der Zauberei und die Todesstrafe ab.

Mix dir einen Hexendrink!

Sammle Ende Mai Holunderblüten und lege sie in ein Gefäß mit drei Liter Wasser. Schneide eine Zitrone in dünne Scheiben und gib sie gemeinsam mit 300 g Staubzucker dazu. Rühre alles gut um, decke das Gefäß mit einem Deckel zu und laß es über Nacht stehen. Am nächsten Tag gießt du die Mischung durch ein Sieb, wirfst die Zitrone und Blüten weg und läßt dir deinen Hexendrink gut schmecken!

DER PAKT MIT DEM TEUFEL

Der Baumeister Hans Puchsbaum liebt ein Mädchen namens Maria. Weil er aber unbedeutend ist, sind die Eltern von Maria gegen diese Heirat. So bewirbt sich Hans um den Bau des Nordturmes am Stephansdom. Die Bauarbeit fällt ihm aber nicht leicht, sie geht nur schleppend voran, und der verliebte Hans ist verzweifelt. Prompt erscheint eines Tages ein Männchen in einem schauriggrünen Wams vor ihm und bietet dem Meister Hans seine Hilfe an. Hans, der alles tut, um Maria zu seiner Frau zu machen, willigt ein und schließt mit dem grünen Teufel einen Pakt. Die einzige Bedingung des Teufels ist, daß Hans weder den Namen Gottes noch den eines Heiligen nennen darf. Tatsächlich schreitet der Bau nach dem Teufelspakt hurtig voran. Eines Tages aber, als Hans gerade mit der Turmarbeit beschäftigt ist, sieht er seine Geliebte über die Straße spazieren. Weil sie ihn nicht sieht, schreit Hans ihren Namen. Im Turm beginnt

Romanik
Rundbögen an Fenstern und Türen. Im Gegensatz zur Gotik eher kleinere Fenster, arkadenartig angeordnete Säulen in den Rundgängen der Klöster und Kirchen. In der Malerei werden die Menschen mit sehr einfachen Strichen dargestellt.

Gotik
Spitzbögen an Fenstern und Türen, an der Decke von Kirchen und Klöstern das Kreuzrippengewölbe. Die Kirchtürme sind reich verziert und in den Himmel ragend. In der Malerei ist die Darstellung oft langgezogen, feiner und detailreicher als in der Romanik.

es zu rumoren, die Steine fallen zu Boden und mit ihnen der Dombaumeister. So wird der Bau des Nordturmes am Stephansdom niemals ganz vollendet. Das zumindest erzählt die Sage um den berühmten Meister Hans Puchsbaum. Tatsächlich wird im Jahre 1511 der Bau des Nordturmes abgebrochen. Damit endet die fast 375jährige Bauzeit des Wiener Stephansdomes. Unter dem Babenberger Leopold IV. begann um 1137 der Bau der Pfarrkirche St. Stephan. Ihn und seine nachfolgenden Kirchenstifter kann man übrigens noch heute in Form von Skulpturen am Stephansdom bewundern. Der erste Bau ist ganz im Geiste der Romanik gestaltet. Klobig, rund und mit winzig kleinen Fenstern, da man damals das Fensterglas noch nicht kennt. Aus Anlaß des Besuchs von Kaiser Friedrich II. um 1237 werden das Riesentor und die Heidentürme umgebaut. Dieser romanische Westbau mit dem Riesentor, den Heidentürmen und den Radfenstern ist bis heute erhalten. Ab 1304 erfolgt der Bau der dreischiffigen Halle und später des Querschiffes. Der Bau wird zunächst von den Wiener Bürgern finanziert und folgt den Vorstellungen der Gotik. Der Bau ist hoch, die Fenster breiter, nach oben hin abgespitzt und verglast. Natürlich ist es wieder Rudolf IV., der mit seinen hochfliegenden Plänen seinen Schwiegervater Kaiser Karl IV. nachahmen will und die Pfarrkirche zu St. Stephan, so heißt der Stephansdom nämlich lange, zur Erzherzogskirche ausbauen will. Es gelingt ihm nicht. Erst unter dem Habsburgerkaiser Friedrich III. wird Wien zum Bistum erhoben.

DER PLEITEGEIER

Kaiser Maximilian ist nicht nur für seine Kletterei auf Kirchtürmen oder in Bergwänden bekannt. Der Sohn des ständig müden Friedrich III. will auch in der Politik hoch hinaus. Maximilian will Macht. Und um diese zu erlangen, ist dem blonden Mann mit den kühlen blauen Augen jedes Mittel recht. Er besticht die Kardinäle, weil er Papst werden möchte. Mit den Königen der umliegenden Reiche führt er zeit seines Lebens Krieg. Stets gewinnt Kaiser Max ein bißchen Land, Geld aber hat der Mann mit der geschwungenen Adlernase trotzdem nie. Und das, obwohl er nacheinander die beiden reichsten Frauen Europas heiratet. Die erste ist Maria von Burgund, und mit ihr erwirbt er das Reich Burgund. Dann Bianca Maria Sforza, die gezählte 400 000 Golddukaten mit in die Ehe bringt. Aufs Heiraten versteht sich Maximilian überhaupt prächtig: Zwei seiner Kinder heiraten ins spanische Königshaus. Seine Enkelin Maria wird mit dem böhmisch-ungarischen Königssohn vermählt. Das Habsburgerreich erstreckt sich dadurch letztlich von Spanien bis Böhmen und Ungarn. Ein Zeitgenosse schreibt dazu:

»Bella gerant alii, tu, felix Austria, nube!« – »Laß andere Kriege führen, du, glückliches Österreich, heirate!« Durch die Heiraten wird Österreich größer, Maximilian aber nicht reicher. Sieben Jahre später ist der Kaiser wieder pleite, so sehr, daß selbst seine Truppen aufhören, für ihn zu kämpfen, weil er den Sold nicht zahlen kann. Die Gründe für die Misere sind die Kriegslust, aber auch sein Hang zu Pomp und Glorie. Seien es die üppigen Hoffeste, die kostspieligen Turniere oder einfach nur sein Spleen, selbst die prachtvolle Kleidung seiner Gäste aus eigener Tasche zu bezahlen. Teuer sind aber auch seine Gelehrten, mit deren Hilfe der Kaiser seine Lebensgeschichte schreibt. Eine Geschichte, die zeigen soll, wie großartig er ist und wie sehr ihn seine Untertanen lieben. Das Gegenteil aber ist der Fall. Verarmt durch horrende Steuern, rächen sich die Bürger. In Brügge sperren sie den Kaiser für einige Monate ganz einfach ein. Und die Innsbrucker verweigern ihm Essen und Unterkunft, weil er nicht bezahlen kann. Der darmkranke Maximilian muß weiter und stirbt im Alter von 60 Jahren auf der Reise nach Wien in der Burg von Wels: reich an Land, aber arm an Geld.

Maximilian lebt in einer Zeit, in der sich die Welt gehörig verändert. Die Buchdruckerpresse ist erfunden. Amerika wird entdeckt. Waren früher Himmel und Gott alles, steht nun der Mensch im Mittelpunkt. Diese Auffassung nennt man »Humanismus«, vom lateinischen Wort »humanus« für »menschlich«. Gelehrte und Künstler entdecken das Altertum. Viele Bauwerke werden so ähnlich wie römische Tempel gestaltet. Römische Helden und Götter werden als Statuen oder in Gemälden dargestellt. Diese Kunstrichtung nennt man heute »Renaissance«. Auf deutsch »Wiedergeburt«. In Österreich entstehen die Burg Hochosterwitz und die Schallaburg.

EIN MÖNCH VERÄNDERT DIE WELT

Kaiser Maximilian I. hält sie noch für unbedeutende Streitereien unter Mönchen. Seinen Enkeln Karl und Ferdinand aber gerät sie zur Gefahr: die Reformation. So nennt man heute jene Bewegung, die tatsächlich mit einem kleinen Mönch beginnt. Am 31. Oktober 1517 schlägt der Augustinermönch Martin Luther ein paar Zettel an der Kirchentür zu Wittenberg an. Darin hält er unter anderem fest, daß man sich mit Geld nicht von Sünden freikaufen kann. Außerdem fordert er Messen in deutscher Sprache, das Heiratsrecht für Priester und ein Ende der Herrschaft des Papstes. Der Skandal ist perfekt. Vielen Menschen in Deutschland und Österreich gefällt, was Martin Luther sagt. Das ist bis heute so geblieben: Man nennt sie »Lutheraner«. Oder »Protestanten«, weil sie gegen die katholische Kirche protestieren. Papst und Kaiser sind natürlich gegen Martin Luther. Der Kaiser ist der Habsburger Karl V. Schon mit sechs Jahren hat er die Niederlande regiert. Als er sechzehn ist, kommt Spanien dazu, drei Jahre später erhält er die deutsche Königskrone. Und dieser mächtige Mann befiehlt dem kleinen

Martin Luther

Mönch Martin Luther, seine Thesen zu widerrufen. Das soll 1521 am Reichstag zu Worms geschehen. Luther weigert sich. Ab da muß sich Kaiser Karl immer heftiger gegen die Anhänger Luthers wehren. Deswegen überläßt er die Verwaltung der österreichischen Erblande seinem Bruder Ferdinand. Dieser vergrößert sein Reich sehr rasch. Die Türken besiegen 1526 beim ungarischen Ort Mohács das Heer der Ungarn. Der letzte ungarische König fällt. So wird Erzherzog Ferdinand I. von Österreich neuer ungarischer König. Auch wenn die Türken große Gebiete Ungarns besetzen, an der Eroberung Wiens scheitern sie 1529: die Königswürde bleibt 400 Jahre lang bei den Habsburgern.

Weil Christoph Kolumbus 1492 für Spanien Amerika entdeckt hat, besitzt Karl V. auch einiges Land in der Neuen Welt. In seinem Reich, so heißt es, geht die Sonne nie unter. Ob die Indianer gewußt haben, daß ihr neuer Herrscher Karl V. heißt? Eines wissen sie auf jeden Fall. Ein richtiger Indianer braucht hübschen Kopfschmuck. Du schneidest weichen Pappkarton in den Maßen 1 m x 4 cm aus. Dieses Stück bemalst du so bunt wie möglich. Dann legst du es um deinen Kopf und heftest es mit einer Klammer so zusammen, daß es hält und ein langes Stück herunter hängt. Nun schneidest du aus Papier federförmige Stücke aus und bemalst sie. Dann nimmst du pro Feder ein ca. 7 cm langes Strohhalmstück. Dieses klebst du mit einem Ende ans lange Stück Pappkarton. Den längeren Teil des Strohhalms klebst du auf deine Feder.

FERDINANDS RACHE

Der zerschlissene Pfarrkalender zeigt den 10. Mai 1525. Ein warmer Lufthauch, der den Frühling ankündigt, durchzieht das kleine Brixen in Tirol. In der Mitte des Ortes warten Schaulustige auf die Hinrichtung des Fischers Peter Passler. Während der mittelgroße Mann mit erhobenem Haupt auf seine Henker wartet, kommt eine Schar empörter Bauern und befreit ihn. Siegestrunken ziehen die zum Teil mit Äxten, Sensen und Heugabeln bewaffneten Bauern von Ort zu Ort. Sie fordern das Recht, ihre Religion und ihren Pfarrer selbst bestimmen zu dürfen. Schon wenige Tage nach der spektakulären Befreiung von Peter Passler überrennen wütende Bauern Schlösser und Städte in Tirol und Salzburg. Die Rache der Adeligen ist bitter. Am 8. Oktober wird das Zentrum des Aufstandes, die Stadt Schladming, geplündert und in Brand gesteckt. Im März 1526 trifft die Vergeltung die bäuerliche Bevölkerung in Radstadt. Nur in Tirol kann Bauernführer Michael Gaismair seinem Landesherrn Ferdinand I. von Habsburg einige neue Rechte abgewinnen. Zum Beispiel dürfen Bauern ab sofort Hunde besitzen, bisher ein Vorrecht der Adeligen. Später rächt sich Ferdinand an seinem Verhandlungspartner. Er läßt Michael Gaismair 1532 töten. Ansonsten aber gilt Ferdinand I. von Habsburg als vernünftiger Herrscher. Ihm gelingt unter anderem ein gewaltiges Friedenswerk. Am 25. September 1555 einigen sich Protestanten und Katholiken unter seiner Führung auf den »Augsburger Religionsfrieden«. Ab da gilt: Jeder Landesherr bestimmt, welche Religion seine Untertanen haben müssen. Wer eine andere Religion als der Fürst hat, muß in ein anderes Land gehen. Damit fällt der Streit zwischen den Reli-

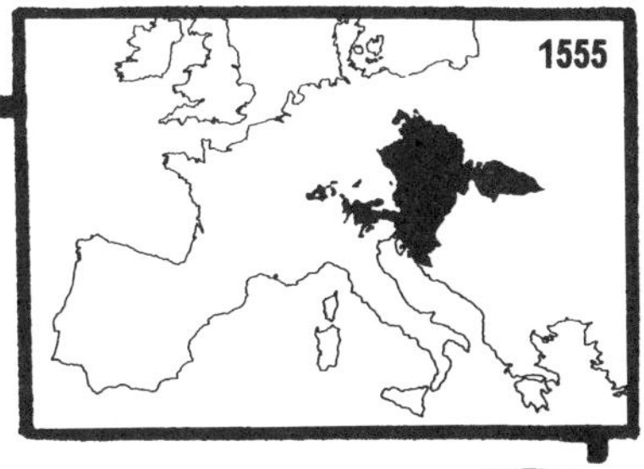

gionen vorläufig weg. Der Streit zwischen den Bauern und Adeligen aber bleibt noch lange bestehen.

Damals sind Bauern so arm, daß auch ihre Kinder arbeiten müssen. In Tirol hüten schon Siebenjährige von März bis November für wenig Essen und Geld auf einsamen Bergen Schafe. Laut Gesetz dürfen heute Bauenkinder erst ab 13 Jahren höchstens drei Stunden lang am Hof mithelfen. Mehr Spaß macht sicher das »Gänsespiel«. Du mußt den Spielplan auf ein großes Blatt Papier zeichnen. Insgesamt brauchst du 63 Felder, die sich wie ein Band auf dem Papier dahinringeln. Die Felder kannst du bemalen, wie du willst. Sinnvoll aber ist es, bei der Bemalung die Sonderfeld-Regeln zu beachten. Danach würfelt ihr abwechselnd mit zwei Würfeln und setzt eure Spielfigur (nimm einen Kieselstein!) um die entsprechende Augenzahl vor. Wer zuerst auf Feld 63 kommt, gewinnt und ist bester Gänsehüter am Platz. Die Sonderregeln: Wer auf Feld 6 kommt, darf auf Feld 12 vorrücken. Wer auf Feld 9, 18, 27, 36, 45 oder 54 kommt, darf noch einmal würfeln. Wer auf Feld 19, 31 oder 52 kommt, muß zweimal aussetzen. Wer auf Feld 42 kommt, muß auf Feld 30 zurück. Wer auf Feld 58 kommt, muß auf Feld 1 zurück. Viel Spaß!

ZEHN TAGE ZUVIEL

Ein Gutes hat die Reformation (siehe Seite 50) für die Österreicher auf jeden Fall. Die Ausbildung wird besser. Sowohl Protestanten als auch Katholiken errichten neue Schulen. Erstmals lernen auch Bauern- und Handwerkerkinder lesen und schreiben. Beide Religionen wollen die Jungen in ihrem Sinn erziehen. Dabei geht es sehr hart und streng zu. Nur in Tirol ist es dem Lehrer verboten, seine Schüler ins Gesicht zu schlagen. Im übrigen Österreich versorgen sich Lehrer täglich mit frischen Holzruten, damit sie ihre Schüler ordentlich schlagen können. Da können sich die Schüler über das Jahr 1582 freuen. Da dauert die Schule nämlich zehn Tage weniger lang. Der Grund dafür ist der alte Kalender, den der römische Feldherr Julius Caesar erfunden hat. Der ist so ungenau, daß im Lauf der Jahrhunderte auf einmal zehn Tage zuviel vergangen sind. Dagegen muß etwas unternommen werden! Papst Gregor XIII. schlägt einen neuen Kalender vor. Künftig soll es in mehr Jahren als bisher einen 29. Februar geben. Die Zeitrechnung ist dann viel genauer. Und damit die zehn Tage zuviel wieder eingespart werden, soll auf den 4. Oktober 1582 der 15. Oktober folgen. Kein 5., 6., oder 14. Oktober! Viele Adelige wehren sich. Denn wenn das Jahr um zehn Tage kürzer ist, müssen die Bauern weniger arbeiten. Und die Bauern müssen damals gratis arbeiten.

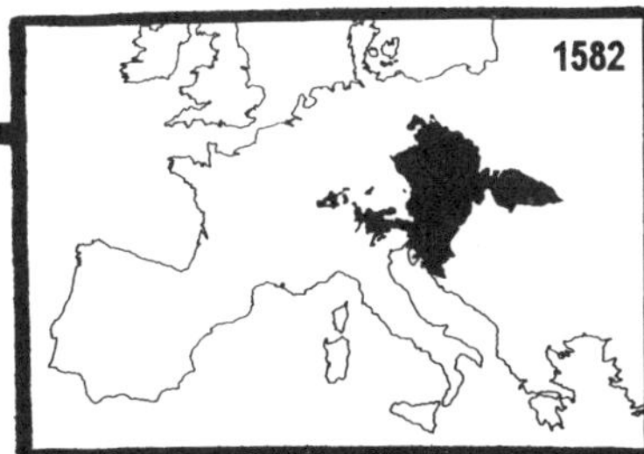

Die Adeligen sind überhaupt ziemlich gemein zu den Bauern. Letztere dürfen weder fischen noch jagen und müssen für vieles, was sie tun, auch noch Geld an die Adeligen zahlen. Nicht einmal Zäune dürfen die Bauern um ihre Felder aufstellen! Denn dann könnten die Adeligen auf ihren Pferden nicht mehr so schnell reiten. Die zehn Tage weniger Arbeit sind nicht der einzige Grund, warum viele Adelige gegen den neuen Kalender sind. Viele lehnen ihn auch ab, weil sie Protestanten sind – und der Kalender vom katholischen Papst kommt. Schließlich setzt Kaiser Rudolf II. die neue Zeitrechnung im Herbst 1582 durch. Als »Gregorianischer Kalender« gilt sie bis heute.

Hier lernst du die wahre Bedeutung unserer Monatsnamen. Das Wort Monat kommt übrigens vom Wort »Mond«, weil früher jeder Monat genau 28 Tage dauerte. So lange, wie aus dem Vollmond Neumond und wieder Vollmond wurde.

Jänner – vom römischen Gott Janus
Februar – vom lateinischen »februare« für reinigen; der Februar war die Zeit für Opfer, die die Menschen von den Sünden des Jahres reinigen sollten.
März – vom römischen Kriegsgott Mars
April – vom lateinischen Wort »aperire« für eröffnen; früher begann das Jahr im April und nicht im Jänner.
Mai – benannt nach dem obersten römischen Gott, dem Jupiter Maius
Juni – von der römischen Göttermutter Juno
Juli – vom Erfinder des alten Kalenders, Julius Caesar
August – nach dem ersten römischen Kaiser Augustus
September – lat. für »der 7.«
Oktober – lat. für »der 8.«
November – lat. für »der 9.«
Dezember – lateinisch für »der 10.«

STREITBARE BRÜDER

Als er stirbt, hinterläßt er keine Kinder, dafür aber 32 Millionen Gulden Schulden. Kaiser Rudolf II. ist eine der schillerndsten Figuren im Hause Habsburg. Zeit seines Lebens interessiert er sich wenig für Politik. Der Kaiser liebt die Kunst und die Alchimie. So heißt jene Wissenschaft, die aus Salz, Schwefel und Quecksilber Gold herstellen will. Sein Geld gibt Rudolf II. für seltsame und seltene Sammlerstücke aus. So zum Beispiel für Nägel von der Arche Noah, Nixenzähne oder antike Statuen. Gemeinsam mit Rabbi Löw will er in seiner Residenz in Prag einen künstlichen Menschen aus Lehm bauen. Der Kaiser unterstützt auch den berühmten Maler Arcimboldo. Dieser malt menschliche Köpfe, die aus verschiedenen Obstsorten oder Möbeln bestehen. Zur Zeit Kaiser Rudolfs versucht ein anderer mächtiger Österreicher die Menschen landauf und landab vom katholischen Glauben zu überzeugen. Der Wiener Bischof Melchior Khlesl. Er ist dabei so erfolgreich, daß er noch mächtiger werden will. Die Königswürde der Niederlande wird sein Ziel. Dazu schließt sich der Bischof mit Matthias, dem Bruder des Kaisers, zusammen. Matthias ist unzu-

Alchimistenküche

frieden: Weil Rudolf älter ist, hat er die Kaiserkrone bekommen. Matthias erhält »nur« 45000 Gulden pro Jahr. Vom ehrgeizigen Bischof beeinflußt, marschiert Matthias 1610 mit seinen Söldnern in Prag ein. Erklärt Rudolf für »gefährlich blöd«. Reißt die Macht im Lande an sich. Kaiser Rudolf versucht sich zu wehren, aber bereits 1612 stirbt er an der Wassersucht. Matthias wird zum Kaiser gekrönt und stirbt sieben Jahre später in Wien. Als erster habsburgischer Herrscher wird er in der Kapuzinergruft in Wien beigesetzt. Melchior Khlesl aber, inzwischen zum Kardinal aufgestiegen, wandert nach dem Tod von Matthias ins Gefängnis. Erst 1627 wird er für drei Jahre wieder in Amt und Kardinalswürden in Wien eingesetzt. König der Niederlande aber wird Melchior Khlesl nie.

Der Streit zwischen Rudolf und Matthias hat einem anderen berühmten Österreicher als Vorlage für ein Theaterstück gedient. Franz Grillparzer schrieb kurz vor seinem Tod »Ein Bruderzwist in Habsburg«. Ein Stück, das du später unbedingt lesen solltest! Jetzt aber kannst du dich als Alchimist im Stil des Gelehrten Löw versuchen. Tauche einen Faden in ein Glas, das du zur Hälfte mit Salz und zur Hälfte mit Wasser gefüllt hast. Laß deine Mischung ein paar Tage stehen. Danach hältst du einen wundervollen Salzkristall in Händen!

EIN ECHTER PAPPENHEIMER

Das Schimpfwort »Pappenheimer« bedeutet Dummkopf und leitet sich vom General von Pappenheim ab. Noch ein anderer Deutscher steht im Dreißigjährigen Krieg mit Österreich in Verbindung. Der Sternenforscher Johannes Kepler, der in Graz und Linz unterrichtet. Er ist der erste Mensch, der die Bewegung der Planeten richtig erkennt. Bastle dir deinen eigenen Sternenhimmel! Besorge dir eine Sternkarte als Vorlage. Schneide aus Papier oder Karton Sterne aus, die du mit Neonfarbe bemalst. Klebe sie an die Decke deines Zimmers, so wie du es auf der Sternkarte siehst. Nun hast du stets glitzernde Sterne über dir!

Es beginnt auf einem Misthaufen. Und endet mit Zehntausenden Toten, noch nie gesehener Not und furchtbarem Elend. Anlaß für den »Dreißigjährigen Krieg«, wie Historiker ihn heute nennen, ist der »Prager Fenstersturz« vom 23. Mai 1618. Hundert böhmische Bürger sprechen an diesem Tag bei Graf Slavata, dem Statthalter Kaiser Ferdinands II., vor. Sie wollen, daß in Böhmen der Protestantismus endgültig erlaubt wird. Graf Slavata lehnt ab – und die Böhmen werfen ihn vor Wut aus dem Fenster. Der Graf überlebt, weil er auf einem Misthaufen landet. Aber der Krieg beginnt. In den folgenden 30 Jahren ziehen verschiedene Armeen eine Schneise der Zerstörung durch ganz Mitteleuropa. Auf der einen Seite kämpfen Böhmen und Mähren, Schweden, Frankreich und viele deutsche Fürstentümer. Der schwedische König Gustav Adolf, der französische Kardinal Richelieu oder auch Friedrich von der Pfalz führen Tausende Söldner an. Ihre Gegner heißen Johann von Tilly und Albrecht von Wallenstein, die mächtige Heerscharen für Österreich, Bayern und einige deutsche Fürstentümer befehligen. Anfangs ist noch alles klar: Es kämpfen Katholiken gegen Protestanten. Im Lauf der Jahre aber verschwimmen die Kriegsziele. Beide Seiten kämpfen mit Söldnern. Das sind Soldaten, die für jeden

kämpfen, der sie bezahlen kann. Es gibt viele von ihnen. Denn in Europa herrscht Mangel an Arbeit und Nahrung. Je länger der Krieg dauert, desto weniger gibt es zu essen. Die Felder und Wälder der Bauern werden zerstört. Immer mehr von ihnen müssen Söldner werden, um nicht Hungers zu sterben. Auf dem Gebiet des heutigen Österreichs kommt es kaum zu Kämpfen. Aber am 9. November 1626 stellen sich 8500 oberösterreichische Bauern – ein halbes Jahr nach dem Tod ihrer Anführer Stefan Fadinger und Christoph Zeller – dem bayrischen Reitergeneral Heinrich von Pappenheim. Die Bauern wollen, wie zuvor schon die Böhmen, ihren protestantischen Glauben leben. Die Bayern wollen sie zum Katholizismus zwingen. Und können, dank der Erfahrung ihres Heeres, die Schlacht mühelos gewinnen. Nach insgesamt dreißig Jahren Kriegsdauer, Zehntausenden Toten und zahllosen Verletzten ist Mitteleuropa am Ende. Es gibt kaum noch Nahrung, fast keine Pferde, geschweige denn Gewehre oder Kanonen. Mit dem »Westfälischen Frieden« vom 24. Oktober 1648 beenden beide Seiten den Krieg. Der Protestantismus gilt ab nun als eigene Glaubensrichtung.

DAS TEUERSTE GESCHENK DER WELT

Es ist das teuerste Geburtstagsgeschenk aller Zeiten. Und es beschäftigt mehr als 1000 Tänzer, Sänger und Musiker. Ob sich die Beschenkte, die Kaiserin Margarete Theresia, wirklich gefreut hat, das weiß man heute nicht. Gefreut haben sich über die Aufführung der Oper »Das Urteil des Paris« auf jeden Fall die Wiener. Denn während der Oper, die zwei Tage lang dauert, kommen dem Kaiser goldene Teller im Wert von fast 100000 Gulden abhanden. Und die zieren ab diesem 14. Juli 1668 sicher einige Wiener Wohnzimmer. Die verschwenderische Pracht des Geburtstagsgeschenks ist typisch für eine Kunstrichtung, die Österreich verändert hat wie sonst keine: das Barock. Unter Barock versteht man alles, was stark geschmückt und verschnörkelt ist. Im Gegensatz zu früher, wo Architekten zweckmäßig bauen, errichten sie nun Gebäude, die sehr groß und prunkvoll sind und große Gärten besitzen. Kirchen haben ab da zwei Seiten: Vorne, wo alle vorbeigehen, schauen sie toll aus. Hinten, wo man niemanden beeindrucken muß, wirken sie wie ein normales Wohnhaus. Die katholische Kirche will mit all dem Gold und Silber an der Schauseite der Kirche fröhlich und farbenfroh wirken. Die Habsburger wollen mit Hilfe des Barock ihre absolute Macht aufzeigen. Sogar die Natur muß sich dem Herrscher unterwerfen. Zum Beispiel die Bäume in Schloß Schönbrunn, die bis heute zu Kugelformen geschnitten werden. Pferde, die nach

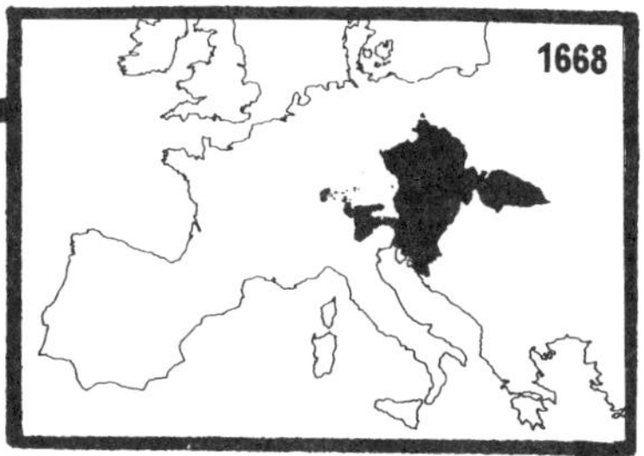

dem Willen des Kaisers tanzen, erlangen bis heute Berühmtheit: die Lipizzaner. Reichtum und Schmuck zeigen sich auch in der Mode. Die Dame von Welt trägt ein Mieder. Damit läßt sich der Bauch einschnüren und frau wirkt dünner. Hinzu kommt ein bodenlanger Rock, der bei den Füßen von einem großen Bogen rund gehalten wird. Der Mann trägt eine Langhaar-Perücke mit Locken, vornehmlich in Weißgrau. Dazu ein Sakko, das bis zu den Oberschenkeln reicht, und feingearbeitete Lederschuhe. An allen Enden schmücken Spitzen das Gewand. Kirche und Herrscher stellen ihren Reichtum und ihre Wichtigkeit ungeniert zur Schau. In unserer Heimat entstehen die bedeutendsten Barockdenkmäler. Dazu gehören unter anderem: der Salzburger Dom, der am 25. September 1628 geweiht wird; der Altar der Wallfahrtskirche in Mariazell in der Steiermark, die Dreifaltigkeitskirche in Rust im Burgenland, das Kloster Melk in Niederösterreich oder die Kirche im Stift Wilten in Innsbruck. Die bedeutendsten Baumeister des österreichischen Barock aber arbeiten in Wien. Johann Fischer von Erlach, sein Sohn Joseph und Lukas von Hildebrandt errichten hier die Karlskirche, das Belvedere des Prinzen Eugen und ab 1696 Schloß Schönbrunn für die Habsburger.

DER SCHWARZE TOD

Beladen mit Wolle, kommen im September 1679 einige Händler nach Hartberg, um ihr großes Geschäft zu machen. Tatsächlich findet die exotische Ware aus dem Osmanischen Reich reißenden Absatz. Nach wenigen Tagen bekommen einige Menschen Geschwülste und hohes Fieber. Andere beginnen zu husten und spucken Blut. Noch ehe man weiß, daß der Grund für die Krankheit die Flöhe von Ratten sind, die sich in der Wolle eingenistet haben, erfaßt die Pest die ganze Stadt Hartberg und rafft ihre Einwohner dahin. Die Pest ist nur eine der Seuchen, die im Mittelalter wüten. Weitere sind die Lepra und die Syphilis. Tausende müssen an den Seuchen sterben. Verwunderlich ist das nicht. Es fehlt eine angemessene medizinische Betreuung. Die Ernährung ist einseitig und vitaminarm. Bauern dürfen nur an Feiertagen Fleisch, ansonsten Kohl und Gerstenbrei essen. Wildbret, Fische und Öl gelten als Herrenspeise und sind ihnen verboten. Einerlei ob Herr oder Bauer, von der Hygiene halten beide Gruppen nur wenig. Sie kennen weder das Klosett, noch verwenden sie Seife. Die Körperreinigung erfolgt im 12. Jahrhundert ganze ein- bis zweimal im Jahr. Erst mit der Errichtung von Badestuben kommt die Körperwäsche in Mode. Allerdings nur für kurze Zeit. Die Badestuben werden im 15. Jahrhundert von der Kirche verboten, weil diese vermutet, daß den nackten Menschen dort unsittliche Gedanken kommen könnten. Darüber hinaus leben die Bauern mit ihren Tieren im selben Haus. Aber auch in den Städten ist die Situation nicht besser. Die Abfälle landen ganz einfach auf der Straße oder im Fluß. Die Misthaufen liegen zumeist mehrere Wochen in den engen Gassen. Die erste große Pestwelle

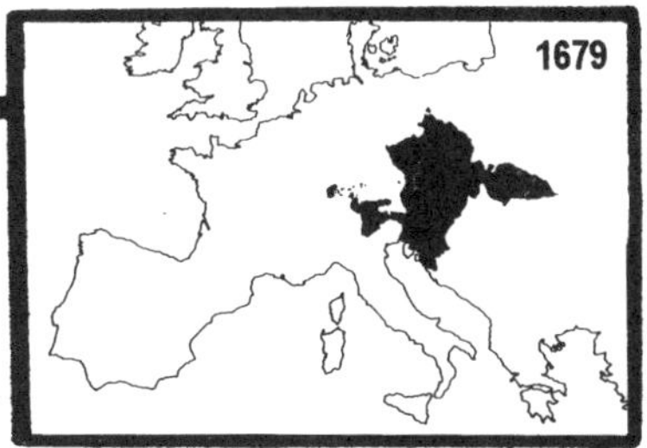

erreicht Österreich im Jahre 1349 und wütet in Wien und in den Städten Kärntens und der Steiermark. Dieser Horror wiederholt sich 1679. So sind bis zum November 1679 allein in Wien über 49 000 Pesttote zu beklagen. Noch heute erinnern Pestsäulen, wie die am Graben in Wien, an das tragische Schicksal der Menschen.

Der durchschnittliche Mensch des Mittelalters ist 160 cm groß und erreicht ein Alter von rund 35 Jahren. Heute liegt das Durchschnittsalter nicht zuletzt dank der modernen Medizin bei 76 Jahren. Im Mittelalter verwendet man bei Krankheiten einfache Hausmittel. Bei blutenden Wunden beispielsweise hält man entweder einen Blutstein über die Wunde, oder man schabt den Stein zu Pulver und nimmt das Pulver ein. Bei Fieber trägt man eine Fieberkette, die aus 43 getrockneten Eukalyptusfrüchten besteht, und bei Kopfschmerz setzt man einen Eisenring aufs Haupt, geht in eine Kirche, umschreitet den Altar und legt den Kopfring als Opfergabe auf den Altartisch. Erst seit dem 15. Jahrhundert werden in Österreich auch Ärzte an der Universität ausgebildet. Eine Idee, wie man die Pest bekämpfen könnte, fehlt allerdings auch diesen.

Rechts siehst du, wie Ärzte zu Pestzeiten gekleidet waren. Zum Beispiel auch der berühmte Arzt, der damals in Österreich gewirkt hat: Theophrastus Bombastus von Hohenheim, kurz: Paracelsus. Er stirbt 1541 in Salzburg und gilt heute als Mitbegründer moderner Medizin.

DER GOLDENE APFEL

Friede dem, der gehorcht! So droht der türkische Großwesir Kara Mustafa den Wienern am 14. Juli 1683. Nur wenige Tage zuvor hat Kara Mustafa Bruck an der Leitha, Hainburg und Perchtoldsdorf erobert und dort Männer, Frauen und Kinder hingemetzelt. Nun schließt er Wien mit 180000 Soldaten ein. Kara Mustafa, der zweitmächtigste Mann der Türkei nach dem Sultan, möchte die Stadt unbeschädigt erobern. Denn dann gehört der Reichtum des »Goldenen Apfels«, wie die Türken Wien nennen, ihm. Die Wiener aber lassen sich nicht einschüchtern. Obwohl ihr Kaiser Leopold I. nach Linz geflohen ist. Sie verteidigen die Stadt mit 17000 Mann. Der Kampf dauert bis zum 12. September. Bis dahin erkunden immer wieder Kinder das Lager der Türken. Denn die Soldaten sind prächtig und bunt gekleidet. Kara Mustafa hortet in seinen Prunkzelten kostbare Schätze. Sogar seine Frauen hat der Großwesir mitgebracht. Für die Wiener Kinder sind die Ausflüge ins Lager der Türken gefährlich. Wenn sie gesund nach Wien zurückkommen, halten die Soldaten der Stadt sie für Spione. Spione werden streng bestraft. Am 20. August kann Oberbefehlshaber Ernst Rüdiger Graf von Starhemberg nur knapp die Hinrichtung eines 10jährigen verhindern. Inzwischen versucht Kaiser Leopold I. von

Kara Mustafa

Linz aus fieberhaft, eine Armee gegen die Türken zusammenzustellen. Er steht in dauernder Verbindung mit seiner Hauptstadt. Mutige Männer wie Georg Franz Kolschitzky, nach dem heute die Kolschitzkygasse im 4. Wiener Bezirk benannt ist, schleichen sich an den türkischen Soldaten vorbei. Überbringen Botschaften an den Kaiser. Im September besiegen 75 000 Soldaten unter dem polnischen König Jan Sobieski und dem österreichischen Herzog Karl von Lothringen die Türken vor Wien. Kara Mustafa flieht und läßt all seine Schätze vor den Mauern Wiens zurück. Heute kannst du sie im Heeresgeschichtlichen Museum in Wien besichtigen. Neben Waffen, Zelten und kostbaren Beutestücken lassen die Türken auch ein Getränk in Wien zurück: den Kaffee. Heute ist Wien für seine Kaffeehäuser in aller Welt berühmt. Aber damals war das schwarzbraune bittere Getränk eine Sensation. Das erste Wiener Kaffeehaus eröffnet der Armenier Johann Diodato in der heutigen Rotenturmstraße, Haus Nummer 14. Es ist ein kleines, nur mit Holzbänken eingerichtetes Zimmer. Kaiser Leopold I. gestattete ihm am 17. Jänner 1685 den Ausschank des »türkischen Getränks Chava«.

Hier findest du das Rezept für »Türkischen Kuchen«: Tu 3 Eßlöffel geschmolzene Butter, 3 Dotter und 3 Eßlöffel Milch in eine Schüssel und schütte so lange Mehl dazu, bis die Mischung ein leicht knetbarer Teig wird. Den rollst du so aus, daß er 5 mm dick ist. Danach schneidest du ihn in die Hälfte. Auf die eine Hälfte gibst du ein Viertel Kilo geriebene Haselnüsse, eine halbe geriebene Stange Vanille und soviel Honig, wie du willst. Mit der zweiten Hälfte bedeckst du deinen Kuchen. Und dann heißt's: Ab ins 200-Grad-Backrohr, bis dein Türkischer Kuchen knusprig ist!

DER EDLE RITTER

Hastig überquert eine zarte Gestalt die Grenze. Von weitem wirkt sie wie ein Mädchen. In Wahrheit verbirgt sich in den Frauenkleidern ein Prinz. Und zwar Prinz Eugen von Savoyen, der aus Frankreich flieht. Dort wollte der König, daß aus Eugen ein Priester wird. Eugen aber will Soldat werden. Der erste, der ihm diesen Wunsch erfüllt, ist Kaiser Leopold I. in Österreich. Ein Glücksgriff. Aus dem Ausländer Prinz Eugen wird der beste General, den Österreich je hatte. Seinen ersten großen Triumph landet Prinz Eugen am 11. September 1697 bei Zenta. Er besiegt ein weit größeres Heer der Türken. Eugens Geheimnis: Er sorgt gut für seine Soldaten. Die meisten Heerführer der damaligen Zeit zahlen ihren Soldaten nur geringen Lohn. Prinz Eugen weiß, daß Soldaten nur dann gut kämpfen, wenn sie genug zu essen haben. Durch den Sieg bei Zenta bekommt Österreich endgültig Ungarn und weite Gebiete in Rumänien. Der Kaiser schickt Bauern und Handwerker dorthin, damit sie aus den neuen Gebieten fruchtbare und reiche

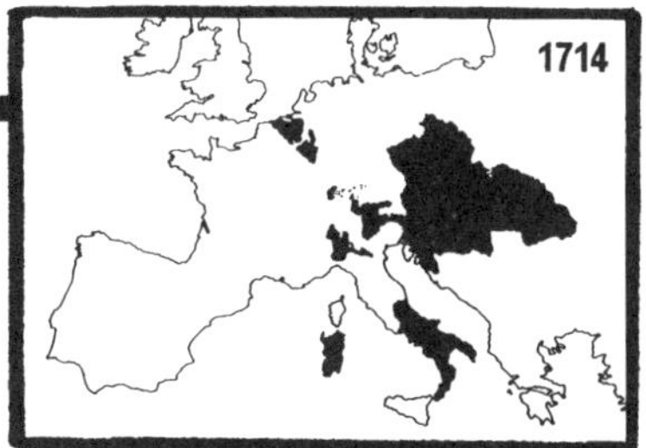

Ländereien machen. Prinz Eugen wird durch die Schlacht bei Zenta in ganz Europa berühmt. Nun setzt Kaiser Leopold I. seinen Prinzen gegen Frankreich ein. Denn in Spanien ist der letzte Habsburger gestorben. Sowohl Frankreich als auch Österreich wollen den Thron besetzen. Durch Krieg ist hier nichts zu gewinnen. Also setzt er sich am 6. März 1714 an den Verhandlungstisch. Im Frieden von Rastatt erhält Frankreich Spanien. Und Österreich bekommt Belgien, Sardinien und andere italienische Gebiete. Nachdem Prinz Eugen diese Aufgabe erledigt hat, wendet er sich wieder den Türken zu. Er will Belgrad für seinen Kaiser erobern. In Belgrad lauern über 30000 türkische Soldaten. Zeitig in der Früh, bei dichtem Nebel, kann Prinz Eugen sie überrumpeln. Dem Prinzen bringt der Sieg einen wahren Hit. Das Lied »Prinz Eugenius, der edle Ritter« kennt seither jeder in Österreich. Das Lied verschweigt übrigens interessante Eigenschaften des Prinzen. Er soll häßlich und hochmütig gewesen sein. Aber er ist auch ein großer Kunstliebhaber. Er sammelt zahlreiche berühmte Bilder und Statuen. Mit diesen und seinen 15000 Büchern schmückt er seine Schlösser. Sein kleines in Schloßhof im Marchfeld. Sein großes in der Himmelpfortgasse. Und sein schönstes: das Belvedere in Wien. Das alles verschlingt natürlich viel Geld. Doch Prinz Eugen besitzt viel. Fast soviel, wie der Mann verwaltet, der heute im Schloß in der Himmelpfortgasse arbeitet: der österreichische Finanzminister.

KNECHT UND KASPERL

Eigentlich sollte er eitrige Zähne mit der Zange ziehen. Aber er spielt lieber Theater. Die Lust des Grazers Joseph Anton Stranitzky ist unser aller Glück. Denn er erfindet um 1700 eine neue Figur für seine Bühne: den Hanswurst. Ausgerechnet ein gelernter Zahnarzt erfindet diese lustige Figur! Der Hanswurst trägt eine weiße Halskrause, einen spitzen, grünen Hut und reißt derbe Witze. Die Wiener sind begeistert. Die Schüler Anton Stranitzkys tragen seine Witze nach seinem Tod am 19. Mai 1726 weiter ins restliche Österreich. Gottfried Prehauser macht sich als Salzburger Hanswurst einen Namen. Der Komiker Johann La Roche erfindet in Wien den Kasperl. Ein wahres Schauspiel bietet den Österreichern auch der Prediger Abraham a Sancta Clara. In seinen Reden und Büchern nimmt er Mißstände seiner Zeit aufs Korn. Zum Beispiel: Handwerker müssen damals ununterbrochen von vier Uhr früh bis sieben Uhr abends arbeiten. Stadtwächter verdienen nur einen Gulden im Monat, dazu ein Stück Brot am Tag und ein Gewand im Jahr. Klar, daß diese ersten Polizisten nebenbei arbeiten müssen – als Schneider, Wirte oder Schuster. Allmählich entstehen in Österreich auch Großbetriebe. Zumeist ohne Maschinen. Deswegen heißen diese Großbetriebe »Manufakturen«. Dieses Wort ist lateinisch und bedeutet »Handarbeiten«.

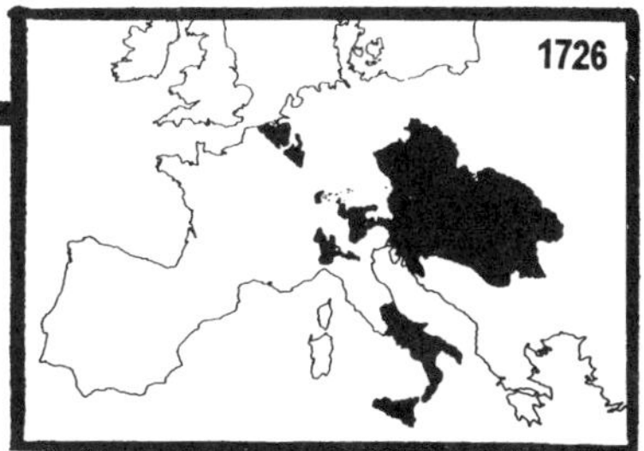

Eine der berühmtesten Manufakturen in Österreich ist die im Wiener Augarten. Hier wird Porzellan hergestellt und in alle Welt verkauft. Während trotz der wachsenden Zahl von Arbeitern die Menschen in Kleinstädten alle ungefähr gleich arm oder reich sind, sieht die Situation auf dem Land ganz anders aus. Die meisten Bauern müssen noch immer für Adelige unbezahlte Arbeit leisten. Noch ärmer sind Knechte und Mägde. Ihre Dienstzeit beginnt zumeist am 2. Februar. Da bekommen sie Schuhe und etwas Geld. Dafür müssen sie ein Jahr lang arbeiten. Ohne Erlaubnis ihres Herrn dürfen Knechte weder tanzen noch trinken. Tun sie es doch, dann darf ihr Dienstgeber sie schlagen. Heute sind diese Zustände zum Glück undenkbar.

Geld ist damals Mangelware für die meisten Österreicher! Heute hast du wahrscheinlich ein paar Schilling. Und mit denen läßt sich ein witziges Spiel basteln. Nimm ein Stück Karton von 20 x 25 cm. In die Ecken einer langen Seite klebst du zwei Zündholzschachteln. Dann drehst du das Stück um und klebst jetzt zwei Zündholzschachteln genau in die Mitte des Kartons. So, daß zwischen ihnen ein Spalt frei bleibt. Der Spalt sollte so breit sein, wie eine Münze dick ist. Das ist deine Startbahn. Von diesem Spalt aus läßt du deine Münzen hinunterrollen. Und zwar auf ein Blatt Papier, das du in verschiedene Felder eingeteilt hast. Manche dieser Felder zählen 5, andere 10, andere 20 Punkte. Die Mitte zählt 50 Punkte. Nun läßt du abwechselnd mit deinen Mitspielern Münzen zum Blatt Papier rollen, das ca. einen halben Meter entfernt liegt. Wer nach 10 Münzen die meisten Punkte hat, gewinnt.

Liebe auf den ersten Blick

Es ist Liebe auf den ersten Blick. Als die sechsjährige Maria Theresia von Habsburg auf den fünfzehnjährigen Franz Stephan von Lothringen trifft, verstehen sich die beiden auf Anhieb gut. Dreizehn Jahre später, am 12. Februar 1736, heiraten sie in der Augustiner-Hofkirche. Zur Hochzeit schenkt Maria ihrem geliebten Franz Stephan einen Blumenstrauß, der aus 2700 kostbaren Juwelen gefertigt ist. Heute noch kann man ihn im Naturhistorischen Museum in Wien besichtigen. Sein Wert ist unschätzbar. Um ihre Liebe werden die zwei weltweit beneidet. Denn damals ist es in Königshäusern üblich, wegen Geld und Land zu heiraten und nicht aus Liebe. Der Ehe zwischen dem am 25. September 1745 zum Kaiser gekrönten Franz Stephan und seiner Maria Theresia entspringen 16 Kinder! Der Reichtum des Ehepaars Habsburg-Lothringen beschränkt sich nicht nur auf Kinder. Franz Stephan ist ein Finanzgenie. Er häuft in 25 Jahren über 18 Millionen Gulden an! Bis heute lebt die Familie Habsburg davon. Zu Reichtum verhilft zum Beispiel die Erfindung des »Kleinen Lottos«. Das »Kleine Lotto« ähnelt dem heute beliebteren »6 aus 45« und wird noch immer gespielt. Die erste Ziehung in Österreich findet am 21. Oktober 1752 statt. Es ist nicht die einzige Einrichtung geblieben, die wir auch heute kennen. Die Kaiserin verfügt auch, daß bestimmte Lokale in Wien ein »Extrastüberl« haben müssen, damit ihre Beamten in Ruhe essen können. Noch heute gibt es deswegen in österreichischen Restaurants »Extrazimmer«. Außerdem gründet sie 1772 die österreichische Post und 1741 das Burgtheater. Dort, wo damals das

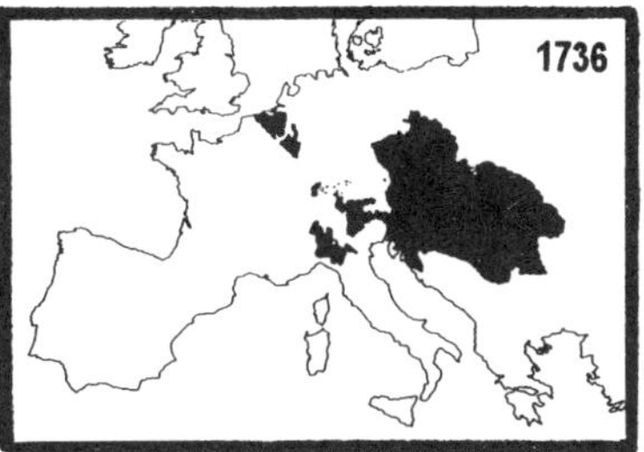

alte Ballhaus leersteht. Ursprünglich war das ein Turnsaal, in dem Adelige Ball spielten. Dann war es Stätte des Theaters. Dieses Ballhaus steht heute nicht mehr, hat aber einem wichtigen politischen Platz Österreichs den Namen gegeben: Am »Ballhaus«platz in Wien arbeitet heute der Bundeskanzler.

Du kannst zwar nicht so einen tollen Blumenstrauß basteln, wie ihn Maria Theresia ihrem Franz Stephan geschenkt hat – aber immerhin: Entweder du bastelst Serviettenblumen. Dazu faltest du bunte Papierservietten einmal in der Mitte. Dort, wo du sie gefaltet hast, schneidest du genau einen Zentimeter weg, sodaß du zwei gleiche Teile erhältst. Diese legst du übereinander und faltest sie wie eine Ziehharmonika. Mit einem ca. 25 cm langen, dünnen Stoffband bindest du die Serviette nun eng zusammen. Dort, wo der Knoten ist, faltest du die Serviette nun vorsichtig auseinander. Mit den übriggebliebenen Enden des Stoffbandes kannst du deine Blüte irgendwo anbinden!

Oder du machst Blumen aus Eierkartons. Dazu umwickelst du zuerst ein Stück Draht mit grünem Kreppapier. Das ist der Blumenstengel. Danach schneidest du aus dem Eierkarton jeweils die Höhle eines Eis aus und bemalst sie außen und innen. Nun schneidest du gleichmäßig viermal in die bunte Eierform. Das Ergebnis müßte wie eine Tulpenblüte aussehen! Fehlt nur noch, daß du Stengel und Blüte zusammensteckst. Und fertig ist dein Blumenstrauß.

DIE TRÄNEN DER KAISERIN

Kaiser Karl VI. hat ein großes Problem. Es gibt weit und breit keinen männlichen Habsburger, der sein Nachfolger werden kann. Er fürchtet, daß die Könige von Frankreich und England über Österreich herfallen, wenn er stirbt. Deswegen erläßt er am 19. April 1713 ein neues Gesetz. Die »Pragmatische Sanktion«. Darin steht, daß alle österreichischen Länder zusammengehören. Das sind damals neben Österreich auch Ungarn, Böhmen, Mähren und viele andere. Außerdem regelt die »Pragmatische Sanktion«, daß auch ein Mädchen über diese Staaten herrschen darf. Damit Frankreich dieses Gesetz anerkennt, schenkt ihm der Kaiser Lothringen. Für England verzichtet er darauf, mit dem reichen Indien zu handeln. Das macht England später zur führenden Weltmacht. Trotzdem sind diese Kompromisse Glück für Österreich. Denn als Karl VI. 1740 stirbt, kann so die später berühmteste Frau Österreichs den Thron besteigen: Maria Theresia. Sie wird nicht unvorbereitet zur Herrscherin. Nächtelang hat sie gelernt. Ihr Wissen und ihre junge Schönheit beeindrucken die alten, weißhaarigen Ratgeber bei ihrem ersten Auftritt als Regentin. Vielleicht sind diese Greise auch gerührt, weil Maria Theresia damals weint. Lange hat die Rührung wohl nicht vorgehalten. Denn schon neun Jahre später, am 2. Mai 1749, beschließt die mittlerweile zur Kaiserin gewordene Maria Theresia eine große Staatsreform. Bisher verwalten Adelige das Land, die ihren Posten einfach an ihre Söhne und Enkel weitergeben. Die Kaiserin kann die Arbeit dieser Männer nicht überprüfen. Jedenfalls kosten diese Adeligen zuviel Geld. Und die Staatskasse ist leer, wie so oft in Österreich. Deswegen setzt sie im ganzen Land Beamte ein, die für sie arbeiten. Damit alle

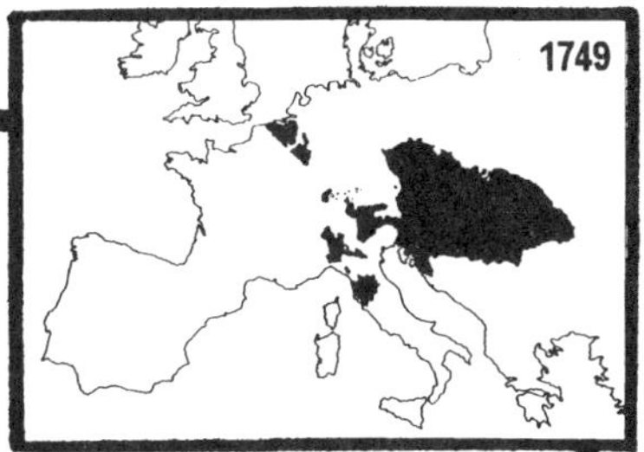

Österreicher wissen, wer ab nun die Bezirke des Landes verwaltet, bekommen die Beamten neue Titel: Hofrat, Amtsrat, Geheimrat und viele andere mehr. Diese Titel sind bis heute erhalten geblieben. Obwohl es schon lange keinen Kaiserhof mehr gibt, an dem Beamte arbeiten, gibt es noch immer Hofräte. Diese und andere Titel verleiht heute der österreichische Bundespräsident.

Weil Karl VI. auf den Handel mit Indien verzichtet, entgeht Österreich großer Reichtum. Denn wer von dort Gewürze nach Europa bringt, verkauft sie teuer. Du kannst mit Gewürzen folgendes Spiel machen: Gib verschiedene Gewürze und auch kleine Schokoladestücke, Bananenscheiben, Apfelschalen usw. in lauter gleich aussehende, nicht durchsichtige Dosen. Auf den Boden der Dose klebst du einen Zettel, auf den du den Namen des Inhalts (z.B. »Banane«) schreibst. In den Deckel bohrst du kleine Löcher. Wenn du insgesamt 24 verschiedene beisammen hast, stellst du sie auf den Tisch. Nun darf jeder reihum eine Dose nehmen und daran riechen. Wenn er glaubt, daß er weiß, was drinnen ist, sagt er es laut. Hat er richtig getippt, bekommt er die Dose. Hat er falsch getippt, muß er eine seiner Dosen hergeben. Wer am Schluß die meisten Dosen hat, gewinnt.

LÜMMEL ODER WUNDERKIND

»Einen Arsch voll Komplimente wünsch ich ihm!« Der Mann, der so ein übles Wort benutzt, ist nicht etwa ein schlechterzogener Lümmel. Er ist das Wunderkind der österreichischen Geschichte schlechthin. Wolfgang Amadeus Mozart nimmt sich selten ein Blatt vor den Mund – schon gar nicht dann, wenn er an seine geliebte Frau Constanze »Stanzerl« Weber schreibt. Schon mit sechs Jahren, am 13. Oktober 1762, spielt er Klavier vor Kaiserin Maria Theresia. Der Sohn des Salzburger Musikers Leopold Mozart wird rasch berühmt und bereist halb Europa. Feste Heimat aber wird ihm Wien. Der heute so gefeierte Mozart versucht für seine Zeit Bahnbrechendes. Er nimmt keine feste Arbeit an. Schreibt Opern und andere Musikstücke für wenig Geld, ohne daß ihm ein Fürst Essen oder Wohnung zahlt. Mozart scheitert kläglich. Während seine Opern – vor allem »Die Zauberflöte« oder »Don Giovanni« – große Erfolge feiern, stirbt Mozart am 5. Dezember 1791 in bitterer Armut. Mit 35 Jahren rafft ihn die Grippe hinweg. Mozart ist einer von drei großartigen Komponisten, die Ende des 18. Jahrhunderts in Österreich Furore machen. Joseph Haydn arbeitet schon lange Jahre beim Fürsten von Esterházy in Eisenstadt. Für ihn schreibt der gebürtige Niederösterreicher unter anderem die »Abschiedssymphonie«. Bei diesem Musikstück verabschiedet sich ein Musiker nach dem anderen von der Bühne, bis zum Schluß nur noch einer übrigbleibt. Haydn will damit seinem Fürsten sagen, daß der Urlaub längst überfällig ist. Fürst Esterházy

W. A. Mozart

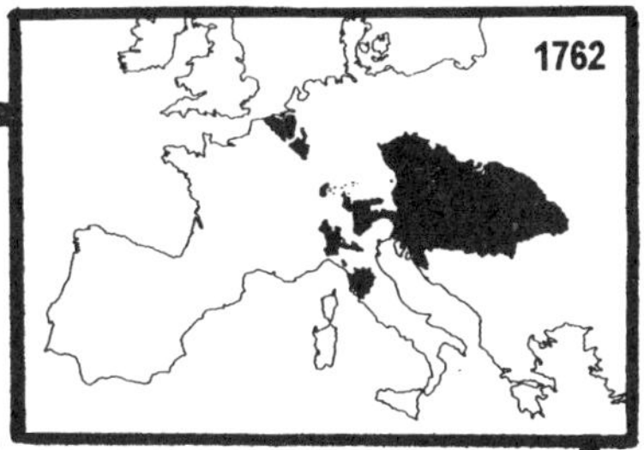

versteht – und schickt die Musiker in die Ferien. Joseph Haydn ist schon zu Lebzeiten so berühmt, daß junge Musiker zu ihm in die Lehre gehen. Einen von ihnen hält Haydn für genial: den Deutschen Ludwig van Beethoven. Dieser hat den Ruf, mürrisch und unfreundlich zu sein. Die Wiener nennen ihn wegen seiner etwas dunklen Hautfarbe bald »den Mohren«. Als Beethoven mit 25 allmählich taub wird, zieht er sich noch mehr zurück. Trotzdem schreibt er glanzvolle Werke, wie die heute weltweit geliebte »9. Symphonie«. Das ist die erste Symphonie der Welt, in der auch gesungen wird: die »Ode an die Freude«. Sosehr auch die Musik Beethovens die Menschen erfreuen mag, so wenig fröhlich ist der Komponist selbst. Je älter er wird, desto abgerissener kleidet er sich. Er gilt als Menschenfeind. Und wird einmal, bei Wiener Neustadt, wegen seiner zerrissenen Kleider sogar als Landstreicher verhaftet.

DER LINKE HANDSCHUH

Gierig blicken Europas Herrscher auf Österreich. Sie halten die soeben gekrönte Maria Theresia für schwach. Sachsen, Bayern und Preußen versuchen, sich große Stücke von Österreich einzuverleiben. Die einzigen, die dabei langfristig Erfolg haben, sind die Preußen. Sie führen gleich dreimal Krieg um das reiche Land Schlesien und gewinnen jedesmal. Für Maria Theresia doppelt schmerzhaft. Denn sie verliert mit Schlesien ein Gebiet mit reichen Städten. Noch dazu gegen ihren Intimfeind, den preußischen König Friedrich II.! Der sagt später, er habe den Krieg um Schlesien begonnen, weil er berühmt werden wollte. Nur einmal muß sich Friedrich vor Österreich fürchten. Als der österreichische General Andreas Graf Hadik 1757 Berlin erobert. Der Graf verlangt von den Berlinern neben viel Geld auch 50 Paar Handschuhe. Diese langen Damenhandschuhe aus Glacéleder sind eine heißbegehrte Spezialität! Als Graf Hadik seiner Kaiserin die Handschuhe überreichen will, wird er enttäuscht. Die listigen Berliner haben nur linke Handschuhe eingepackt! Ein Grund mehr für Maria Theresia, den Preußenkönig »böser Mann« zu nennen. In ihrem Leben gibt es allerdings auch viele »gute« Männer. Wenzel Anton von Kaunitz ist Staatskanzler und gibt ihr gute Tips fürs Regieren. Doktor Gerard van Swieten ist Maria Theresias Leibarzt und begründet die kaiserliche Hofbibliothek aufs neue. Joseph von Sonnenfels verbietet die Folter. Außerdem erfindet er 1751 das »Grundbuch«. Dort muß eingetragen werden, wem welches Stück Boden in Österreich gehört. Wenn deine Familie einen Garten kauft, müssen sich deine Eltern ins Grundbuch eintra-

gen. Für Maria Theresia hat das Grundbuch zwei Vorteile. Sie weiß genau, welches Land wem gehört. Daher kann sie jedem sagen, wieviel Steuern er zahlen muß. Du siehst: Maria Theresia und damit auch Österreich verdankt den Beratern der Kaiserin viel. Deswegen sind sie bis heute verewigt: Ihre Statuen stehen rund ums große Maria-Theresia-Denkmal in Wien.

Doktor Gerard van Swieten hat Maria Theresia das Leben gerettet. 1767 war sie an Pocken erkrankt. Heute ist das nicht mehr gefährlich – aber damals! Maria Theresias Onkel, Kaiser Joseph I., ist nach kurzem Leben an den Pocken gestorben. Doktor van Swieten hat die Kaiserin aber heilen können. Sein Schüler hat dann in Österreich die Pockenimpfung eingeführt. Noch heute werdet ihr geimpft. Gerard van Swieten selbst hat übrigens auch die erste Schule für Tierärzte in Österreich gegründet.

Bei diesem Spiel solltet ihr euch so sportlich wie ein Affe, so gedächtnisstark wie ein Elefant und so sprungbegeistert wie ein Känguruh zeigen. Ihr stellt euch in einem Kreis auf. Der erste macht irgend eine Bewegung, zum Beispiel einen Luftsprung. Der zweite muß zuerst den Luftsprung wiederholen und dann eine weitere Bewegung (am Kopf kratzen) anfügen. Der dritte muß nun in die Luft springen, sich am Kopf kratzen – und dann etwas Neues (die Zunge zeigen) machen. Und so weiter. Wer alle Bewegungen in richtiger Reihenfolge wiederholt, gewinnt!

Maria Theresia

DIE BESTE IDEE DER KAISERIN

Tieftraurig ist die junge Maria Theresia, als ihr Vater am 20. Oktober 1740 in seinem Lustschloß »Favorita« stirbt. Nie wieder will sie dieses Schloß, nach dem heute Favoriten, der zehnte Bezirk von Wien, benannt ist, betreten! Da hat die junge Königin eine gute Idee: Sie gründet im Schloß Favorita eine Schule. In der »Theresianischen Ritterakademie« sollen junge Adelige unterrichtet werden. Die Schule heißt heute Theresianum. Sechs Jahre vor ihrem Tod, im Jahr 1774, gibt Kaiserin Maria Theresia aber ihre bedeutendste Verordnung heraus: Alle Österreicher müssen vom sechsten bis zum zwölften Lebensjahr in die Schule gehen. Bis dahin ist Lernen und Wissen den Reichen vorbehalten. In den »Normalschulen« in der Stadt und den »Trivialschulen« auf dem Land können jetzt auch die Armen Lesen, Schreiben, Rechnen und Religion lernen. In größeren Städten wird außerdem Deutsch, Geographie, Geschichte und Zeichnen gelehrt. In den Gymnasien wird noch dazu Latein, Griechisch und Naturlehre unterrichtet. Der Lehrplan ist in den 500 neugegründeten Schulen österreichweit gleich. Die meisten Schulen bestehen aus nur einem Raum. Vorne steht die Tafel. Davor sitzen Mädchen und Buben, meistens 40 bis 50, streng getrennt auf einfachen Holzbänken. Tische gibt es kaum. Die Einrichtung ist so ärmlich, weil vor allem die Eltern der Kinder sie bezahlen müssen. Gute Schüler werden belohnt. Wer dem Ortspfarrer beim Schulbesuch auffällt, weil er fleißig ist und seinen Mitschülern hilft, bekommt ein Bild von Kaiserin Maria Theresia oder von dem seit 1765 mitregierenden Kaiser Joseph II. In jedem Ort sollen Schulen entstehen. Damit ist der Schulweg meistens nur kurz. Den kürzesten Weg aber haben damals die Lehrer. Denn diese wohnen in dem Schulgebäude. Eine kaiserliche Verordnung sieht vor, daß jede Lehrerfamilie zumindest ein Wohnzimmer, eine

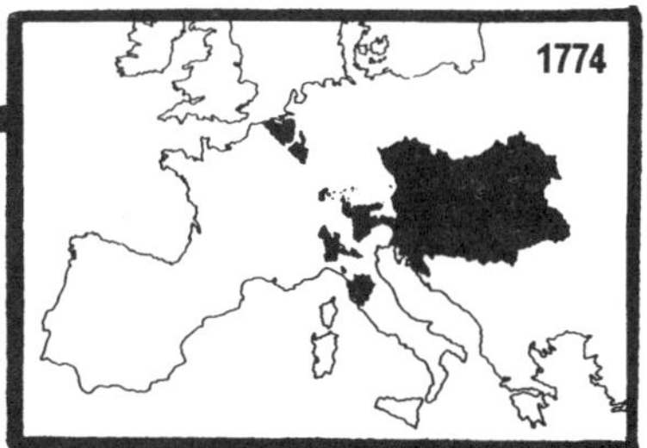

Küche und eine Kammer haben muß. Außerdem – damals ungewöhnlich – soll jede Lehrerwohnung mit einem Klo ausgestattet sein. Das Lehrerklo dürfen damals aber – im Unterschied zu den meisten Schulen heute – auch die Schüler benützen.

Kaiserin Maria Theresia war es wichtig, daß alle rechnen und lesen lernen. Rechnen wirst du bei folgendem Spiel gut brauchen. Du kannst mit beliebig vielen anderen spielen. Reihum beginnt ihr zu zählen. Der erste sagt »eins«, der zweite »zwei«, dann 3, 4, 5 und so weiter. Immer, wenn eine Zahl etwas mit sieben zu tun hat, muß man statt dessen »plopp« sagen. Also: 1, 2, 3, 4, 5, 6, plopp, 8, 9, . . . oder 65, 66, plopp, 68 und so weiter. Natürlich muß man auch statt 28 »plopp« sagen: Denn 4 x 7 ist schließlich 28! Wenn ihr schon sehr gut rechnen könnt, müßt ihr auch »plopp« sagen, wenn die Quersumme einer Zahl 7 lautet. Zum Beispiel bei 16 (1+6=7) oder 25 (2+5=7) und so weiter. Macht einer einen Fehler, weil er nicht »plopp« sagt, wo er »plopp« sagen müßte – oder weil er »plopp« sagt, obwohl er die Zahl nennen müßte, oder weil er sich verzählt –, scheidet er aus. Der nächste Spieler muß den Fehler ausbessern.

DER KAISER ALS BAUER

Ungläubig glotzt der Knecht Jan Kartos am 19. August 1769 auf den Acker seines Bauern. Hat er wirklich gesehen, wie Kaiser Joseph persönlich mit seinem Pflug eine Furche gezogen hat? Er hat. Die Geschichte vom Kaiser, der den Acker pflügt, spricht sich rasch herum. Sie ist ein weiterer Beweis dafür, daß Kaiser Joseph II. ein frei denkender Mensch ist. Am 1. November 1781 erläßt er das »Untertanen-Patent«. Darin erlaubt er, daß alle heiraten dürfen, wen sie wollen. Außerdem dürfen sie wohnen, wo sie wollen. Einzige Bedingung: Sie müssen auf einem Formular angeben, wo. Heute ist das ähnlich: Jeder Österreicher – also auch du – muß auf einem »Meldezettel« seine genaue Adresse angeben. Weiters dürfen laut »Untertanen-Patent« alle lernen, was sie wollen – sofern sie die Schule besuchen. Im selben Jahr verbietet Joseph II. die Todesstrafe. Außerdem dürfen in Österreich alle der Religion angehören, der sie angehören wollen. Diese Gesetze bewirken, daß die Österreicher mehr als früher für sich verantwortlich sind. Vorher haben die Adeligen alles befohlen: den Wohnort, den Ehemann, sogar die Religion. Dafür haben sie ihre Untergebenen mit Geld und Essen unterstützt. Mit den neuen Gesetzen muß jeder für sich selber sorgen. Joseph II.

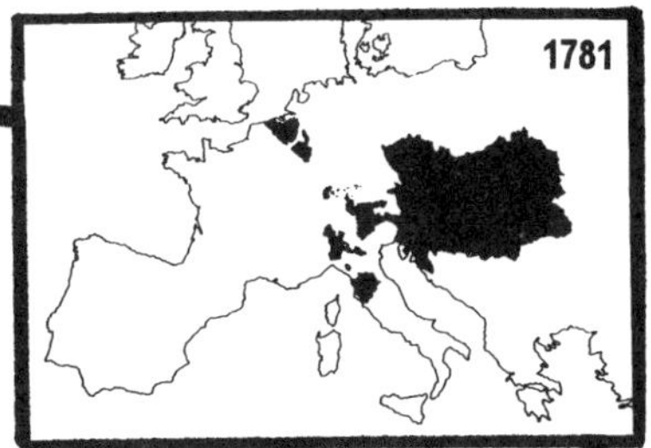

ist nicht der einzige Mann in Europa, der auf solche Ideen kommt. Es sind ihrer viele – deswegen nennt man diese Zeit heute »Aufklärung«. Eine lustige Auswirkung hat die »Aufklärung« in Österreich bis heute: Joseph II. öffnet seinen privaten Wald, in dem er bislang allein gejagt hat, für alle. Der Wald heißt Prater, und als er 1766 das erste Mal für alle zugänglich ist, herrscht ein Riesenandrang. Es gibt Kegelbahnen, Puppentheater, Schaukeln, Kaffeehäuser und Eisbuden. Das Riesenrad freilich, heute das Wahrzeichen des Praters, steht erst seit 1873.

VERRAT IN TIROL

»Wenn sie kein Brot haben, dann sollen sie Kuchen essen!« Dieser Ausspruch über Arme stammt von der österreichischen Prinzessin Marie Antoinette. Er fällt allerdings 1789 in Frankreich, am Vorabend der »Französischen Revolution«. Ab da reißen die Bürger in Frankreich die Herrschaft an sich. Sie nehmen den Fürsten Geld, Land, Häuser weg. 1793 werden der König und seine Frau enthauptet. Der österreichische Herrscher Franz II. befürchtet, daß seine Untertanen ähnliches planen. Er verstärkt die Polizei. Wer wie in Frankreich die Reichen zugunsten der Armen entmachten will, der verliert in Österreich das Leben. Dabei gilt Franz II. als gemütlicher Kerl. Er bastelt gerne Spielzeug und erlaubt seinen Kindern, ihn mit Papa statt mit »Eure Majestät« anzusprechen. Schließlich will Franz II. gemeinsam mit anderen europäischen Herrschern den alten Zustand in Frankreich wiederherstellen. Damit beginnt ein insgesamt 23 Jahre langer Krieg gegen Frankreich. Lange steht es unentschieden. Doch dann kommt in Frankreich Napoleon an die Macht. Der kleingewachsene korsische Advokatensohn ist ein genialer Feldherr. Er erobert halb Europa. Verliert nur wenige Schlachten. Eine davon gegen den Österreicher Erzherzog Karl in Aspern, am 22. Mai 1809. Österreich muß Napo-

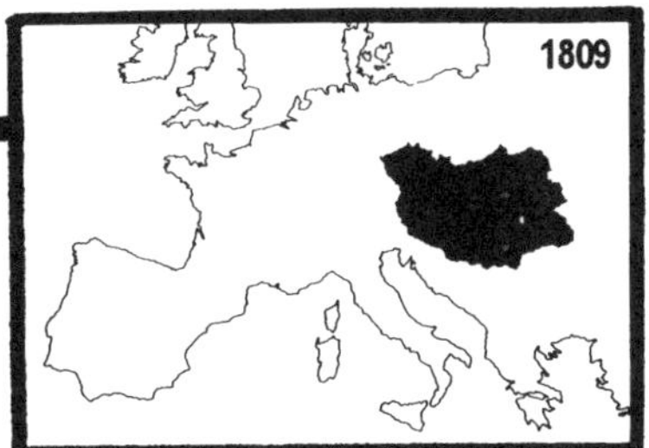

leon aber letztlich als Sieger anerkennen. Als Preis verlangt Napoleon unter anderem auch Tirol. Das will einem tiefreligiösen Wirt aus St. Leonhard so gar nicht passen. Prompt erhebt sich Andreas Hofer gegen die Besatzer. Nicht alle Tiroler unterstützen seinen Kampf. Die meisten Innsbrucker begrüßen die neuen Landesherren aus Bayern, denen Napoleon Tirol überlassen hat. Am Bergisel schlagen die 14000 Getreuen des Andreas Hofer die Bayern und vertreiben sie aus Tirol. Die Bauernregierung unter dem Tiroler Nationalhelden erläßt umgehend seltsame Gesetze. So zum Beispiel sollen Frauen künftig ihre Arme mit Gewand bedecken, um die Soldaten nicht zu verwirren. Weiteren Erlassen kommt ein Befehl von Kaiser Franz aus Wien zuvor: Andreas Hofer soll die Regierung an die Bayern zurückgeben, dafür wird ihm nichts geschehen. Hofer befolgt den Befehl. Kehrt in seinen Gasthof zurück. Da überredet ihn der Kirchenmann Joachim Haspinger, noch einmal gegen die Bayern zu kämpfen. Hofer rückt mit seinen letzten Getreuen aus und verliert. Die Bayern verfolgen ihn nun unerbittlich. Andreas Hofer versteckt sich auf der Pfandleralm. Doch für 1500 Gulden verrät ihn der Tiroler Bauer Franz Raffl. Andreas Hofer wird gefangen und am 20. Februar 1810 in Mantua hingerichtet. Noch heute gilt er den Tirolern als Held – und wird landesweit im Andreas-Hofer-Lied besungen.

Prickelnde Partys

Kaiser Franz II. ist sauer. Napoleon hat sich soeben in Frankreich selbst zum Kaiser gekrönt. Und er, der Herrscher über Österreich, muß sich erst von deutschen Fürsten in einer langwierigen Prozedur zum Kaiser wählen lassen. Da hat sein Außenminister Johann Ludwig von Cobenzl eine tolle Idee. Kaiser Franz II. soll Österreich zum Kaiserreich erklären. Der Plan wird in die Tat umgesetzt. Ab da ist Österreich Kaisertum. Das alte Kaiserreich, von Historikern »Heiliges Römisches Reich Deutscher Nation« genannt, gibt es nicht mehr. Und über Nacht, am 11. August 1804, wird aus dem römisch-deutschen Kaiser Franz II. der österreichische Kaiser Franz I. Am 8. Oktober 1809 begeht der Kaiser seine bedeutendste Tat. Er ernennt Klemens Fürst von Metternich zum Staatskanzler. Der gebürtige Deutsche gilt den Österreichern als arrogant und häßlich. Und obwohl er auch einiges für diesen schlechten Ruf tut (siehe Seite 90), arbeitet er auch erfolgreich für Österreich. Daß Napoleon Österreich bei seinen Eroberungszügen weitgehend verschont, ist Metternich zu verdanken. Der fädelt nämlich die Hochzeit des Franzosenkaisers mit der Habsburgerin Marie Louise ein. Und Napoleon kann ja wohl schlecht den eigenen Schwiegervater angreifen! Derlei Skrupel kennt aber der österreichische Kaiser Franz I. nicht. Gemeinsam mit Rußland und Preußen bekämpft Österreich ab 1813 Napoleon. Klar, daß bei dieser Übermacht Napoleon verlieren

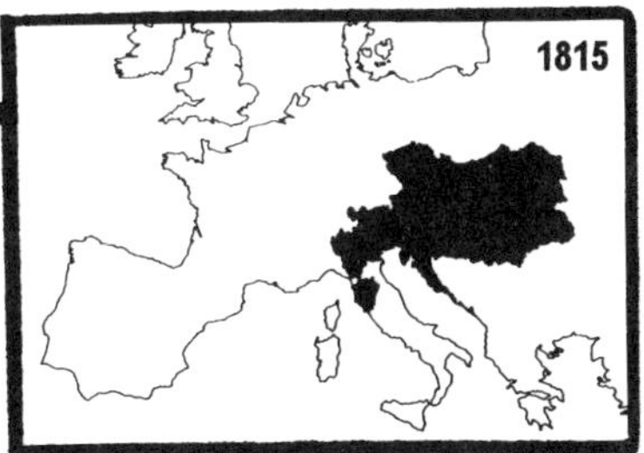

muß. Die endgültige Entscheidung fällt am 18. Juni 1815 in der Schlacht von Waterloo. Weil aber der quirlige Franzosenkaiser über zehn Jahre lang Soldaten quer durch Europa geschickt hat, ist unser Erdteil einigermaßen in Unordnung geraten. Das schreit, so sieht's zumindest Metternich, nach neuer Ordnung. Diese Ordnung wird in Wien bei einem großartigen Treffen begründet. Der »Wiener Kongreß« beginnt am 18. September 1814 und dauert neun Monate lang. Vertreter aus 200 Staaten nehmen teil. Im Vordergrund steht das Vergnügen. Mindestens einmal täglich ist der Gang ins Theater angesagt. Alle drei Tage findet ein Ball für die Kongreßteilnehmer statt. Es wird gefeiert und getanzt. Der Walzer bewegt erstmals die Gemüter und die Tanzbeine. Am 22. Jänner 1815 findet vor Tausenden Schaulustigen eine prunkvolle Schlittenfahrt der Fürsten vom Wiener Josefsplatz zum Schloß Schönbrunn statt. Billig ist das alles nicht. Kaiser Franz gibt 80000 Gulden pro Tag aus, um seine hohen Gäste zufriedenzustellen. Fürst von Ligne meint dazu spöttisch: »Der Kongreß macht keine Fortschritte, er tanzt!« Letztlich aber stimmt das nicht. Am Ende regelt der »Wiener Kongreß« die Grenzen in ganz Europa neu.

Daß die Fürsten und Diplomaten nicht ganz untätig sind, das beweisen die zahlreichen Geheimsprachen. Diese finden allerdings nicht im Kongreßsaal, sondern bei den Partys statt. Man trifft sich in privaten Salons, zieht sich in einen geheimen Winkel zurück und macht die großen Geschäfte. Wenn ihr jemandem etwas Wichtiges sagen wollt, müßt ihr euch nicht verstecken. Es reicht schon, wenn ihr die Geheimsprache könnt. Die ist ganz einfach. Ihr müßt nun hinter jedem Selbstlaut (a, e, i, o, u) ein b einschieben und dann den Selbstlaut noch einmal wiederholen. Was heißt: »Ibich gebehebe noboch nibicht nabach Habaubusebe.«

WELTHIT AUS OBERNDORF

Das Land Salzburg hat eine bewegte Geschichte. Zu Österreich kommt es erst am 1. Mai 1816, knapp ein Jahr nach dem Wiener Kongreß. Davor ist Salzburg über Jahrhunderte Eigentum der Kirche. Doch 1801 flieht der letzte Kirchenfürst Hieronymus Colloredo vor Napoleon ins kaiserliche Wien. Die Franzosen besetzen Salzburg, nach ihnen regieren die Bayern. 1816 ist Salzburg ein armes Land. Trotzdem hat Kaiser Franz I. Angst, die Menschen könnten ihren Kirchenfürsten zurückhaben wollen. Prompt erklärt er Salzburg zu einem Teil Oberösterreichs und läßt es von Linz aus regieren. Erst 1850 wird Salzburg wieder ein eigenständiges Kronland. Deswegen ist das berühmteste Lied der Erde, obwohl im heutigen Salzburg geschrieben, strenggenommen eine oberösterreichische Erfindung. »Stille Nacht, heilige Nacht«, dieses Weihnachtslied singen zum ersten Mal die Menschen in der Oberndorfer Pfarrkirche. Am 24. Dezember 1818 denkt sich der Prediger Josef Mohr den Text von »Stille Nacht, heilige Nacht« aus. Damals war die Heilige Nacht übrigens wirklich still. Weihnachten 1818 ist nicht so laut und fröhlich wie heute. Die Menschen haben zu wenig Geld, um einander viel schenken zu können. Und den Weihnachtsbaum gibt es 1818 noch gar nicht. Die Sitte, eine Tanne mit Kerzen, Kugeln und Kringeln zu schmücken, setzt sich zumindest bei der einfachen Bevölkerung erst später durch. Dafür wird viel gesungen und gespielt: Josef Mohr schickt den Text an seinen Freund, den Volksschullehrer und Orgelspieler Franz Xaver Gruber aus dem benachbarten Arnsdorf. Und in nur wenigen Stunden komponiert der die Noten, die wir heute alle kennen. So kann er das Lied zur Weihnachtsfeier um Mitternacht auf seiner Gitarre begleiten. »Stille Nacht, heilige Nacht« wird rasch über Oberndorf hinaus in ganz Österreich bekannt. Und heute singt es die ganze Welt. Salzburg be-

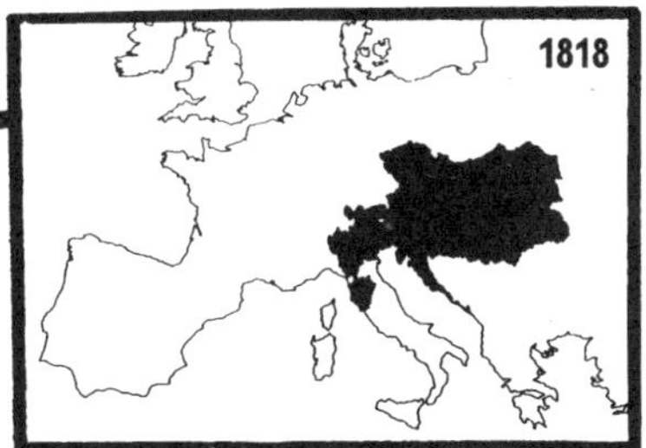

schenkt die Welt aber nicht nur mit dem berühmtesten Weihnachtslied. Auch eines der bedeutendsten Kulturfeste der Erde findet in Salzburg statt: die Salzburger Festspiele. Die Idee dazu stammt vom begnadetsten Theaterregisseur aller Zeiten. Dem Badener Max Reinhardt, der 1918 ins Schloß Leopoldskron einzieht. Er läßt im August 1920 erstmals den »Jedermann« von Hugo von Hofmannsthal vor dem Salzburger Dom aufführen. Seither reißen sich jedes Jahr großartige Schauspieler darum, einmal mitspielen zu dürfen. Das Motto von Max Reinhardt erfüllen die Festspiele allerdings nicht mehr ganz. Die Preise für Karten sind hoch. Und Reinhardt meint noch 1917 in einer Denkschrift: »Die Kunst des Theaters ist nicht nur Luxusmittel für die Reichen, sondern auch Lebensmittel für die Bedürftigen.«

DER STEIRISCHE PRINZ

Zwei große Lieben kennt sein Leben. Beide sind glücklich. Erzherzog Johanns eine Liebe, das ist die Steiermark. Hier gründet Erzherzog Johann 1811 das »Joanneum«, ein Museum, das für alle offensteht. Auch Arme dürfen sich anschauen, was hier gezeigt wird. Andere Habsburger öffnen ihre Museen nur den Adeligen. Für das Joanneum sammelt Erzherzog Johann alte Bücher. Läßt neue Werke über das Leben in der Steiermark schreiben. Auch in der Landwirtschaft geht er neue Wege. Er baut mit dem Brandhof am Hochschwab einen Bauernhof, wie er seiner Meinung nach sein sollte. Arbeitet dort nach modernen Methoden und bringt anderen Bauern bei, wie's geht. Außerdem gründet er die Bergakademie in Vordernberg. Hier läßt er alles unterrichten, was man für den Bergbau braucht. Diese Schule gibt es noch heute. Sie ist nach Leoben übersiedelt. Erzherzog Johann gründet in Vordernberg Betriebe, die Eisen auf neue, billige Art verarbeiten. Kein Wunder, daß der Mann beim Volk beliebt ist. Noch beliebter macht ihn die zweite große Liebe seines Lebens. Die Postmeisterstochter Anna Plochl, die er 1819 kennenlernt. Er will sie sofort heiraten. Aber damals dürfen Adelige nur Adelige heiraten! Muß Erzherzog Johann, der »steirische Prinz«, auf seine geliebte Nanni verzichten, weil sie keine Adelige ist? Jahre-

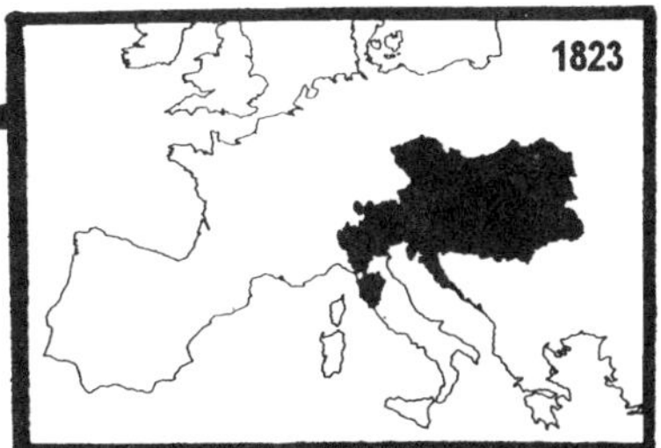

lang sieht es so aus. Am 4. April 1823 kommt dann endlich der erlösende Brief aus Wien. Kaiser Franz I. erlaubt die Heirat. Es wird eine glückliche Ehe. Nur einmal kommt es zu einem kleinen Streit. Anna will nach Graz fahren. Sie trägt dazu einen schwarzen Damenfrack, der sehr nobel aussieht. Erzherzog Johann rügt sie. Er selbst trägt immer nur den grauen Steireranzug, weil auch seine Steirer nichts anderes anziehen. Prompt zieht Anna sich um. Dem Kaiser in Wien übrigens hat es nie gefallen, daß sich sein Bruder Johann so anzieht wie alle anderen Steirer. Nur einmal verläßt Erzherzog Johann die Steiermark. Als 1848 in ganz Europa die Revolution ausbricht (siehe Seite 94), will zunächst der Kaiser, daß Johann ihn vertritt. Dann wollen die Deutschen, daß er ihr neuer Herrscher wird. Johann fährt nach Wien und Deutschland. Schon nach einem Jahr ist seine Arbeit getan, die Revolution vorbei. Johann kann endlich in seine geliebte Steiermark zurückkehren. Hier stirbt er auch nach langem und glücklichem Leben am 10. Mai 1859.

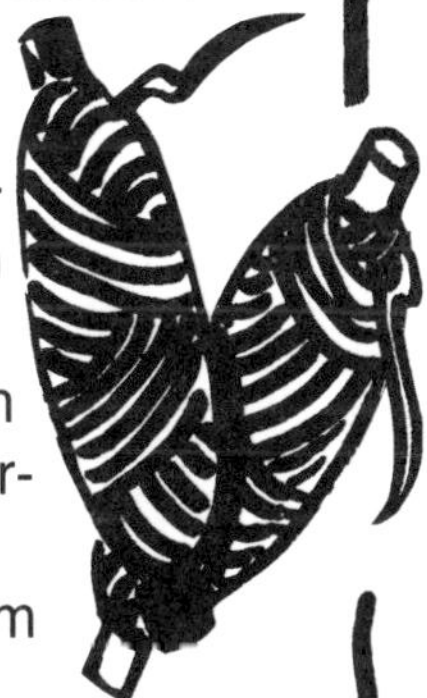

Nicht alle Herrscher sind moderner Technik gegenüber so aufgeschlossen wie Erzherzog Johann. Das zeigt das Schicksal Josef Madersperger. Der Tiroler erfindet 1815 die Nähmaschine. Weil aber niemand ihm Geld für seine Erfindung geben will, wird sie bald vergessen. Jahre später wird der Amerikaner Singer mit derselben Erfindung schwerreich. Noch heute gibt es »Singer-Nähmaschinen«.
Nähe dir dein Piraten-Kopftuch. Du brauchst einen dünnen Stoff aus Seide oder Baumwolle. Aus dem Stoff schneidest du ein Quadrat von 60 x 60 cm. An den Enden schlägst du den Rand rund 5 mm doppelt ein, damit der Stoff nicht ausfranst. Dann setzt du dich zur Nähmaschine und umnähst die vier Seitenränder mit geraden Stichen. Das fertige Piraten-Kopftuch knotest du am Hinterkopf fest.

DER SPIESSER UND DIE SCHÖNE HEILE WELT

»Das, was ich will, ist Ordnung.«
Der hochgewachsene Fürst Metternich räkelt sich in seinem roten Polstersessel. Seit den »Karlsbader Beschlüssen« aus dem Jahre 1819 hält er alle Mittel in der Hand, um das Volk ruhigzuhalten. Die Studenten an der Universität werden beobachtet. Alle Bücher werden von Beamten kontrolliert, bevor man sie kaufen kann. Jeder auch noch so kleine Muckser aus der Bevölkerung wird von der kaiserlichen Armee oder Polizei sofort niedergeschlagen. Der Polizeipräsident heißt Josef Graf Sedlnitzky. In wenigen Jahren hat er ein perfektes Agentennetz aufgebaut. Die Liebe des Polizeipräsidenten aber gilt den Schriftstellern. Den Bühnendichter Johann Nestroy sperrt er ein, weil dieser die Politik kritisiert. Franz Grillparzer (siehe Seite 104), der heute als bester Dramatiker unserer Heimat gilt, muß regelmäßig in sein Polizeirevier. Wohlhabende, gemütliche Bürger fühlen sich im Polizeistaat des Fürsten Metternich wohl. Am Wochenende geht man ins Theater, fährt mit einer Kutsche ins Grüne oder amüsiert sich beim Heurigen. Sonst lebt man sehr häuslich, veranstaltet Bälle und trifft sich mit Freunden. Besonders beliebt ist der elegante Salon der Fanny von Arnstein, die 1814 den ersten Weihnachtsbaum in Wien schmückt. In ihrem Salon vergnügen sich Geschäftsleute und Künstler bei Walzer, Wein und Kuchen. Sie lieben die leicht geschwungenen Sessel aus hellem Holz mit ihren bunt gestreiften Pölstern. Auf den Kommoden stehen Porzellanfiguren. Spieluhren tingeln. Die Frauen tragen knöchellange Kleider mit Puffärmeln und Blumenhüte. Um die Schultern legen sie ihren Longschal. Bei den Männern setzen sich das Halstuch, die helle

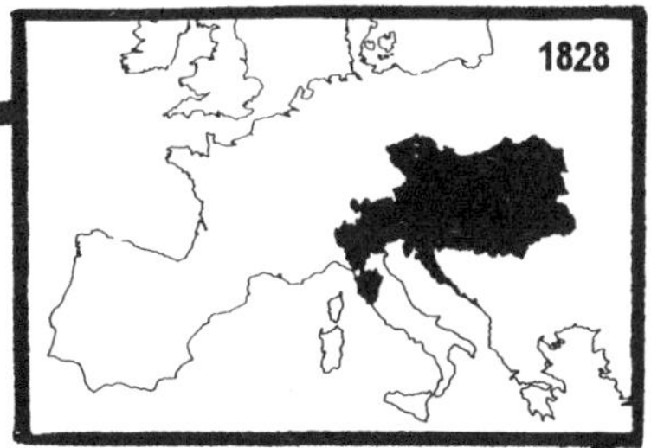

Hose und der Frack durch. Die neueste Mode zeigen die Wiener Bürger stets während der Pratereröffnung am 1. Mai. Diese Glanzzeit der mittelmäßigen Bürger nennt man heute »Biedermeier«, nach einer Romanfigur eines deutschen Schriftstellers. Niemand anderer aber gibt uns ein besseres Bild über diese Zeit als die Maler. Meistens stellen sie die Menschen bei der Arbeit oder in anderen Alltagssituationen dar. Sie versuchen die Menschen zu zeichnen, wie sie wirklich aussehen. Ferdinand Georg Waldmüller, Moritz von Schwind, Peter Fendi oder Rudolf von Alt heißen die berühmten Darsteller des Biedermeier. Rudolf von Alt wird übrigens schon mit 14 Jahren berühmt. Er gewinnt 1826 acht Silbertaler bei einem Zeichenwettbewerb an der Wiener Akademie. Prompt wird er vom Militärdienst befreit und malt schließlich bis zu seinem 93. Lebensjahr beschauliche Bilder des kaiserlichen Wien.

BLUTIGE FINGER

Angewidert blicken die Gäste beiseite. Ausgerechnet beim Mittagessen hat Juliane Rad, die Gastgeberin, ihnen den blutigen Finger unter die Nase gehalten. Diese Geste ist kein Zufall. Juliane Rad hat sich geschnitten, als sie einen unförmigen Zuckerbrocken zerkleinert hat. Die Gäste sind Angestellte der Zuckerfabrik von Datschitz in Böhmen. Julianes Mann ist dort Direktor. »Erfinden Sie endlich kleine Zuckerstücke für den Kaffee, meine Herren!« fordert Juliane Rad an diesem Augusttag 1840 ihre Gäste auf. Der Wunsch ist ihrem Mann Befehl. Jakob Christoph Rad ersinnt prompt den Würfelzucker. 1842 steht die erste Maschine, die Würfelzucker herstellt, in seiner Fabrik. Von Österreich aus tritt der Würfelzucker seinen Siegeszug um den Erdball an. Österreichs Zuckerfabriken machen gewaltige Gewinne. Und sind damit beileibe nicht die einzigen in Österreich. Seit 1838 erzeugt eine Fabrik in Schwechat Bier. 1837 beginnt die Papierfabrik in Neusiedl ihre Arbeit. Die Maschinen in den Fabriken werden mit einer englischen Erfindung bewegt: der Dampfmaschine. Die erste österreichische Dampfmaschine steht 1816 in einer Stoffabrik in Brünn. Andere Stoffabriken existieren seit 1754 in Döbling, seit 1773 in Ebreichsdorf und in Vorarlberg. Auch die Möbelerzeugung in Österreich kann sich sehen lassen. Noch heute sind die geschwungenen Sessel des Michael Thonet berühmt. Das erste Mal werden sie 1838 in Wien hergestellt. So richtig los mit dem Fabrikenbau geht es aber nach 1848.

VW-Käfer

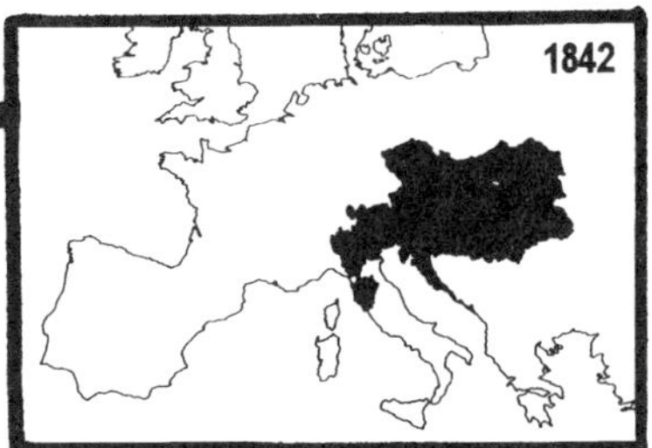

Denn am 7. September 1848 setzt sich Hans Kudlich im Reichstag durch. Sein Vorschlag: Künftig sollen Bauern nicht mehr gratis für Adelige arbeiten! Das macht den Adeligen natürlich wenig Freude. Zum Trost bekommen sie von der Regierung Geld. Jeder Bauer, der nicht mehr für die Adeligen arbeiten will, muß dem Adeligen einmal einen bestimmten Betrag zahlen und ist frei. Die Regierung gibt dem Adeligen noch einmal soviel wie der Bauer. Insgesamt bekommen Österreichs Adelige 290 Millionen Gulden. Die ungarischen sogar 304 Millionen Gulden. Dieses Geld wollen die Adeligen vermehren. Daher bauen sie damit in ganz Österreich Fabriken, Bierbrauereien und Banken. Von großer Bedeutung ist die Hutfabrik im oberösterreichischen Wels. Hier stellt man Hüte für Trapper und Farmer in Amerika und Australien her sowie Kappen für China und Fese für die Türkei. Berühmt werden auch die Fabriken des Friedrich Hämmerle in Vorarlberg. In Dornbirn und Feldkirch wird ab 1864 Stoff für Gewand erzeugt. In Wien errichtet der Kremser Franz Wertheim eine Fabrik, in der er feuersichere Kassen herstellt. Der Safe ist erfunden! Auch einer der genialsten österreichischen Techniker tritt auf den Plan: Ferdinand Porsche. Er baut für österreichische Firmen über hundert verschiedene neue Autos. Erfindet Motoren. Macht Österreich zu einem der größten Flugzeughersteller der Welt. Seine wichtigste Idee wird erst im Zweiten Weltkrieg umgesetzt: Ferdinand Porsche erfindet den Volkswagen.

F. Porsche

DER KAISER AUF DEM PULVERFASS

Als im Februar 1848 die Bürger Frankreichs revoltieren, ist auch in Wien der Teufel los. Der Friede im Habsburgerreich hängt nur an einem Haar. Die Wiener Buchhändler und einige Bürgervereine fordern die Pressefreiheit. Die Studenten wollen die Abschaffung der Zensur und die volle akademische Freiheit. Doch Fürst Metternich denkt nicht daran und schlägt zurück. Am 13. März 1848 werden die aufgebrachten Bürger und Studenten von kaiserlichen Truppen angegriffen. Fünf Menschen sterben. Weil dem Staatskanzler Metternich der Boden in Wien zu heiß wird, legt er sein Amt zurück und flieht nach England. Kaiser Ferdinand I. bleibt besonnen. Am 15. März führt er die Pressefreiheit ein und verspricht den Bürgern eine freiheitliche Verfassung. Am 17. Mai flieht jedoch auch der Kaiser mit seiner Familie nach Innsbruck. Das kaiserlose Wien bekommt einen Ersatz. Am 22. Juli diskutiert Erzherzog Johann (siehe Seite 88) in Wien mit 383 Leuten, die aus verschiedenen Gegenden der Monarchie kommen. Der erste gesamtösterreichische Reichstag aber bringt bis auf die Freiheit für die Bauern nicht viel. Im Gegenteil. Weil der Reichstag sparen muß, beschließt man, die Löhne der Arbeiter, Frauen und Kinder zu kürzen. Die Arbeiter lassen sich das nicht gefallen. Wieder schlägt die Regierungstruppe zu und wirft den Aufstand nieder. Im Oktober 1848 lehnen sich die Bürger, Studenten und Arbeiter ein letztes Mal auf. Die Antwort ist brutal. Unter dem Kommando von Fürst Windischgrätz überrollen die kaiserlichen Truppen die Aufständischen. Rund 2000 Tote sind zu beklagen. Alle politischen Vereine werden aufgelöst, die Zeitungen zensuriert und Versammlungen verboten. Das Sturmjahr ist zu Ende und die alte Ordnung wiederher-

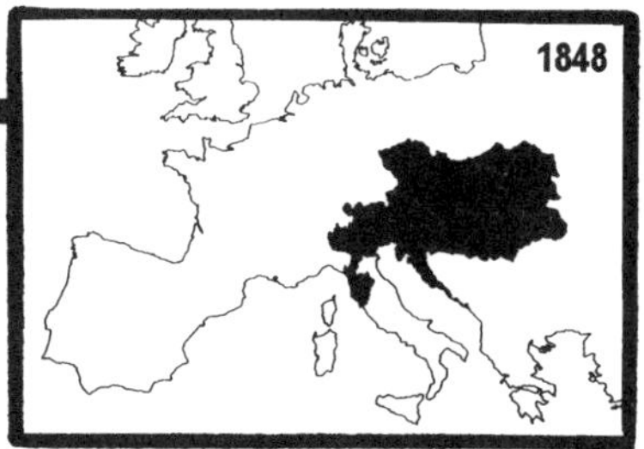

gestellt. Noch einer, der eigentlich Sieger ist, verliert. Ferdinand I. wird von seinem achtzehnjährigen Neffen Franz Joseph I. als Kaiser abgelöst. »Gott segne dich. Sei brav, es is gern g'schehn« sind Ferdinands letzte Worte an den neuen Kaiser. Dann packt er seine Siebensachen und zieht mit seiner Frau nach Prag, wo er 1875 als einsamer Pensionist stirbt.

Ähnlich wie in Wien sorgen die kaiserlichen Truppen auch in den umliegenden Ländern für Zucht und Ordnung. In der österreichischen Lombardei tut sich Feldmarschall Radetzky hervor und schlägt die aufmüpfigen Italiener nieder. In Böhmen ist es Fürst Windischgrätz, der die Aufständischen zur Ruhe zwingt. Nur die Ungarn können ihre Republik länger verteidigen. Mehrere Monate heißt ihr Oberhaupt nicht Kaiser Franz Joseph I., sondern Lajos Kossuth. Erst mit Hilfe des russischen Zaren Nikolaus bekommt der junge Kaiser Ungarn wieder zurück. Weil Österreich und Ungarn viel miteinander zu tun haben, lernen viele Österreicher die ungarische Sprache, damit sie sich besser verständigen können. Ungarisch klingt wie folgt:

Ich komme aus Österreich. –
Austriabol jöwök.
Ich spiele oft Fußball. –
En djokrom fotbollosom.
Ich esse gerne Gulaschsuppe. –
Särätäk gujascht änni.

IN 100 TAGEN UM DIE WELT

Die Luft ist schwül. Riesige Lianen versperren der 54jährigen den Blick. In einem Holzboot paddelt Ida Pfeiffer den verschlungenen Fluß hinunter. Das Gebrüll der Affen und der Flügelschlag exotischer Vögel begleiten sie. Auf Sumatra wimmelt es nur so von Kopfjägern. Das sind Naturvölker, vor denen sie sich besser in acht nehmen sollte. Doch all die Gefahren können die Dame aus Wien nicht aus der Fassung bringen. Nur eines hütet Ida wie ein Juwel. Das ist ihr dickes Reiseheft, in welches sie ihre Beobachtungen und Erlebnisse notiert. Seit ihrer Kindheit spürt Ida den Drang zum Reisen. Bis sie sich ihren Traum erfüllen kann, vergehen allerdings viele Jahre. 1797 wird Ida als Tochter eines Großhändlers in Wien geboren. 1820 heiratet sie den Advokaten Pfeiffer, von dem sie sich nach der Geburt ihrer beiden Söhne trennt. In Wien erzieht sie ihre Kinder und wartet, bis diese alt genug sind, um sich selbst zu versorgen. 1842 ist es soweit. Die ganz und gar ungewöhnliche Frau schnürt ihren Reisesack und reist nach Palästina und Ägypten. Ehe Ida Pfeiffer nach Wien zurückkehrt, macht sie noch einen Abstecher nach Skandinavien. Sie veröffentlicht ihre Reisebeschreibungen und feiert ihre Erfolge als erste österreichische Frau, die eine Weltreise macht. Wissenschaftler liegen der zarten Weltreisenden zu Füßen und bieten ihr die Mitgliedschaft in den geographischen Gesellschaften in Berlin und Paris an. Doch Ida Pfeiffer ist nicht zu bremsen. Es folgen noch

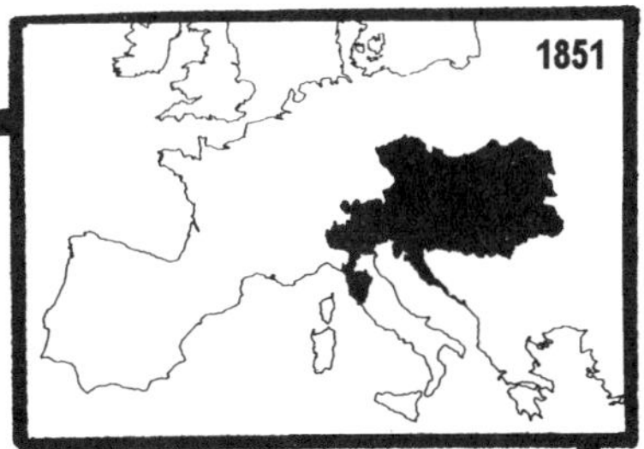

zwei weitere Weltreisen quer über den Erdball. Sie entdeckt Landstriche, in denen noch niemals ein Europäer gewesen ist. Auf Madagaskar wird die mittlerweile 59jährige sogar eingesperrt. Dort holt sich Ida Pfeiffer die Krankheit, an der sie schließlich 1858 in ihrer Heimat Wien stirbt. Ida Pfeiffer, die sich ihre Reisen selbst finanziert, ist nur ein Beispiel für den regen Forscherdrang des 19. Jahrhunderts. Es zählt schon fast zum guten Ton für die Herrscher, daß sie begabte Leute losschicken, um neue Länder zu entdecken. Außerdem gehören neuentdeckte Gebiete demjenigen, der als erster dort ist. So entdeckt 1887 eine österreichische Expedition einen See in Kenya. Dieser bekommt prompt den Namen des Kronprinzen Rudolf und heißt heute noch Rudolf-See. Julius von Payer und Karl Weyprecht wagen sich gar in das nördliche Eismeer. Sie entdecken 1873 unter lebensgefährlichen Bedingungen das Franz-Josephs-Land, benannt nach ihrem Kaiser Franz Joseph.

Reisen ist damals sehr beschwerlich. Die Eisenbahn zum Beispiel gibt es noch nicht lange. Erst am 1. August 1832 wird die erste Eisenbahn in Europa eröffnet. Auf der Strecke Linz–Budweis ziehen noch Pferde einen Kutschenwagen über die 129 km langen Schienen. 23 Jahre später, am 17. Juli 1854, wird die erste Gebirgsbahn der Welt eröffnet. Sie führt über den Semmering und wird vom Ingenieur Karl Ritter von Ghega geplant und errichtet.

DER VERRÜCKTE ARZT

Heute ist das ganz normal: Wenn ein Arzt operiert, wäscht er sich vorher die Hände. Aber früher war das nicht der Fall. Jeder zweite Patient stirbt an Wunden, die eitrig werden. Schlimm ist es vor allem für Frauen, die gerade ein Kind bekommen haben. Wenn ein Arzt mit schmutzigen Fingern ein Kind aus dem Bauch der Frau holt, ist es klar, daß diese Frau durch Bakterien krank wird. Damals, 1846, fällt das nur einem Arzt auf: dem Ungarn Ignaz Semmelweis, der im Wiener Krankenhaus arbeitet. Er will erreichen, daß sich Ärzte und Krankenschwestern vor der Geburt die Hände mit Chlorwasser waschen. Drei Minuten lang, Semmelweis überprüft das mit der Uhr in der Hand. Das Chlorwasser könnte die Bakterien töten und dadurch viele Frauen retten. Doch die Chefärzte in Wien halten Ignaz Semmelweis für verrückt. Statt ihn für seine Entdeckung zu belohnen, schmeißen sie ihn raus. Dabei sind die Wiener Ärzte damals hochberühmt. Theodor Meynert begründet die Lehre von den Geisteskrankheiten. Gustav Gärtner erfindet das erste Gerät, mit dem man Blutdruck messen kann. Theodor Billroth geht neue Wege bei der Operation von Organen. Adolf Lorenz begründet die Orthopädie. Er ist einer der ersten, die gebrochene Beine oder Arme eingipsen. Sie leben und arbeiten vor allem zwischen 1850 und 1900 in Wien. All diese Ärzte faßt man heute unter dem Namen »Wiener medizinische Schule« zusammen. Sie sind der Grund, warum noch heute Österreich als begnadetes Land für Medizin gilt. Nur einem ist es nicht vergönnt, den gebührenden Ruhm für seine Entdeckung zu genießen: Ignaz Semmelweis. Die Idee von der Sauberkeit kann sich erst nach seinem Tod durchsetzen. Er stirbt

am 13. August 1865 in der Irrenanstalt von Wien-Döbling. Aber nicht an Geisteskrankheit. Er stirbt, weil er eine kleine Wunde hat. Sein Arzt greift diese mit schmutzigen Fingern an – und prompt entzündet sich die Wunde. An der darauf folgenden Blutvergiftung geht der Verfechter der Sauberkeit im Spital zugrunde.

Im Todesjahr von Semmelweis haben die Wiener allen Grund zum feiern. Am 1. Mai 1865 eröffnet Kaiser Franz Joseph I. die neue Ringstraße. Noch sieben Jahre früher standen hier dicke Mauern, die die Stadt befestigen sollten. Nun aber braucht Wien Platz. So läßt der Kaiser die Mauern schleifen und großartige Gebäude errichten: das Burgtheater, die Staatsoper, das Rathaus, und die Universität. Neben diesen Gebäuden stehen an der vier Kilometer langen Prachtstraße zahlreiche Bürohäuser, Luxushotels und Cafés. Eines der tollen Rezepte, die die Wiener in den neuen Ringstraßen-Cafés genossen haben könnten, findest du hier: den Bananensplit. Du schneidest eine Banane in zwei Hälften und legst diese auf den Teller. Auf die Bananen streichst du Erdbeermarmelade. Darüber kommen Schlagobers und zwei Kugeln Vanilleeis. Dann erhitzt du eine Tafel Schokolade in einem Topf so lange, bis sie flüssig ist. Die flüssige Schokolade gießt du über die Bananen. Fertig ist der Bananensplit!

»Frieden schließen ist unmöglich!« befiehlt Kaiser Franz Joseph I. am 2. Juli 1866 seinem General in Böhmen, dem Ritter von Benedek. Dann stellt er dem treuen Ritter eine boshafte Frage: »Hat eigentlich schon eine Schlacht stattgefunden?« Ritter von Benedek versteht sofort und ruft für den Tag darauf zur entscheidenden Schlacht. Das hätte er nicht tun sollen. Denn die Lage Österreichs ist triste. Österreich kämpft allein gegen Preußen im Norden und gegen die Italiener im Süden. Gegen die Italiener feiert Österreich zwar Sieg um Sieg, auch einen auf dem Meer. Er findet am 20. Juli 1866 bei Lissa statt. Noch heute erinnert die Statue des Admirals Tegetthoff am Wiener Praterstern daran. Aber gegen die Preußen hat Österreich keine Chance. Die Preußen können mit ihren Eisenbahnen schneller Soldaten zur Front bringen. Außerdem haben sie ein neues Gewehr, das viel schneller schießt als das österreichische. Deswegen endet die Schlacht bei Königgrätz am 3. Juli 1866 entsetzlich. Die Österreicher verlieren fast 50 000 Soldaten. Sie müssen um Frieden ringen, wenn die Preußen nicht Richtung Wien marschieren sollen. Das Ergebnis: Österreich verliert seinen Einfluß in Deutschland völlig. Muß 20 Millionen an Preußen zahlen. Und das Gebiet um Venedig an Italien abtreten. Mit dem Einfluß in Deutschland geht aber auch der Einfluß in Österreich verloren: Auf einmal leben hier mehr Ungarn und Tschechen als Deutschsprachige! Die Ungarn erkennen ihre Chance sofort. Gyula Graf Andrássy, der Führer der Ungarn, fordert mehr Macht vom Kaiser. Der will zuerst ablehnen. Doch Kaiserin Sisi, die vom feurigen Grafen

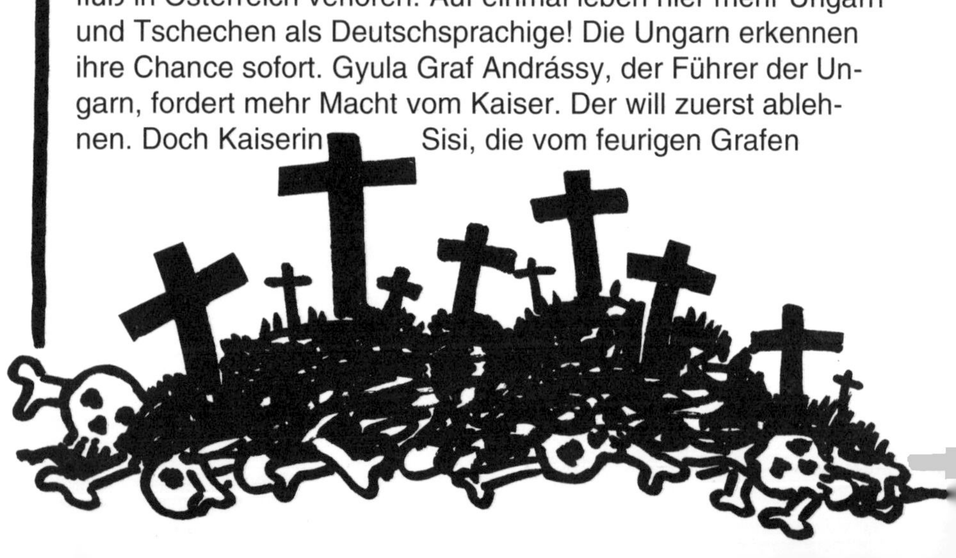

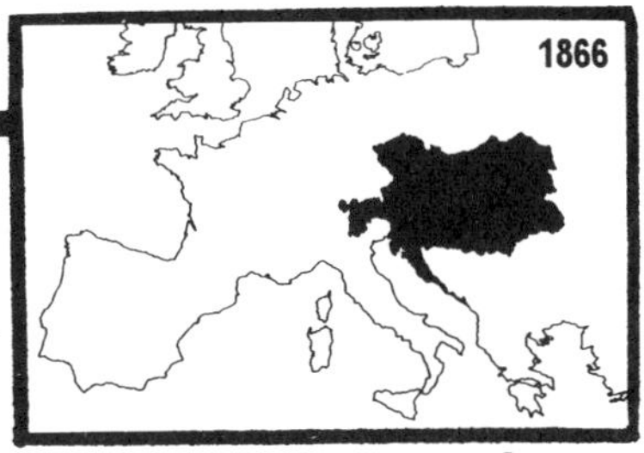

Andrássy schwer beeindruckt ist, überredet Franz Joseph dazu. Am 15. März 1867 wird Ungarn ein eigener Staat, der alles selbst bestimmen darf. Nur die Macht über die Soldaten, die Entscheidungen übers Geld und die Beziehungen zu anderen Staaten bleiben in den Händen der Habsburger. Sogar im Namen wird die weitgehende Selbständigkeit Ungarns deutlich. Österreich heißt ab sofort Österreich-Ungarn. Die Einwohner müssen sich auch an neue Abkürzungen gewöhnen. Was Österreich und Ungarn gemeinsam ist, heißt künftig »k.u.k«, kaiserlich und königlich. Alles Österreichische heißt »k.k.«, kaiserlich-königlich. Und alles Ungarische heißt »k« für königlich.

Eigentlich hätte allen ja schon früher klar sein müssen, daß Kaiser Franz Joseph wenig vom Krieg versteht. Am 24. Juni 1859 hat er das österreichische Heer persönlich in eine bittere Niederlage geführt. In Solferino gegen die Italiener. Diese Schlacht war so grausam, daß der zufällig anwesende Schweizer Geschäftsmann Henri Dunant sofort etwas für die geschundenen Soldaten tun wollte. Mit Hilfe einer Vereinbarung vieler großer Staaten, der »Genfer Konvention« vom 26. Oktober 1863, gründete er das »Rote Kreuz«. Dieses hat bis heute die Aufgabe, Menschen im Krieg zu helfen. Die Flagge ist kein Zufall: Es sind die Schweizer Farben. Das Rote Kreuz wird weltweit unterstützt. Dort, wo es weniger Christen gibt und mehr Moslems, heißt das Rote Kreuz »Roter Halbmond«.

Die Walzerkönige ...

Das Publikum ist schwer enttäuscht. Da geht man um teures Geld in eine Erstaufführung des berühmten Walzerkönigs – und dann das! Dieser Walzer, zu dem der Chor alberne Texte übers Geld singt, ist wirklich unmöglich. Selten noch hat sich ein Publikum so getäuscht wie dieses im Jahr 1867. Denn heute ist der damals gespielte Walzer so etwas wie die zweite österreichische Hymne. Freilich mit anderem Text und Titel: »An der schönen blauen Donau« von Johann Strauß. Schon sein Vater – der übrigens auch Johann Strauß heißt – hat Großartiges für die Musik geleistet. Seit 1820 versüßt er das Leben der Wiener mit seinen Walzermelodien. Der Walzer ist seit dem »Wiener Kongreß« (siehe Seite 84) total in. Überall wird getanzt, entweder bei Bällen zu Hause oder in den Cafés. Discos gibt es damals noch nicht, aber Tanzpaläste. Der größte, das Odeon in Wien, faßt 10000 Besucher. Berühmt wird aber zuerst das Café Sperl. Denn dort spielt Vater Johann Strauß mit seinen Musikern seine wundervollen Melodien – zum Beispiel den »Radetzkymarsch«. Diesen schreibt Vater Strauß zu Ehren des österreichischen Generals Johann von Radetzky, der 1813 Napoleon bei Leipzig besiegt hat. Daß auch sein Sohn Musiker wird, das wollte Vater Strauß nicht. Zum Glück für uns setzt sich der Sohn durch und gibt am 15. Oktober 1844 im Café Dommayer sein erstes Konzert. »Triumph für Wien« heißt es darauf in den Zeitungen: »Nun haben wir gleich zwei Walzerkönige!« Leider nur für kurze Zeit. Vater Strauß erkrankt knapp nach einer Tournee durch England schwer. Er stirbt am

Johann Strauß

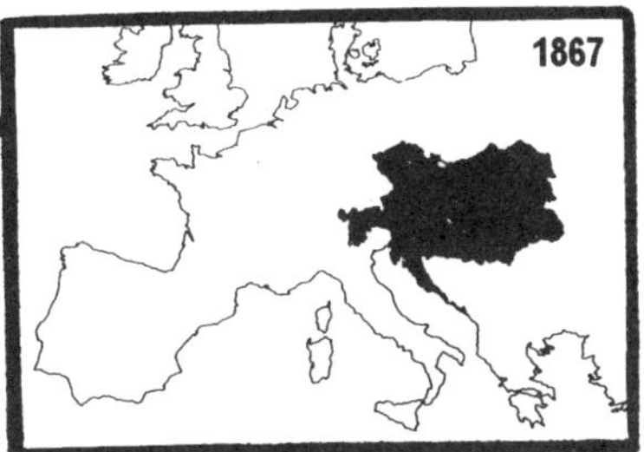

25. September 1849 in Wien an Scharlach. Johann Strauß Sohn sind die Auslandstouren besser bekommen. Er feiert in ganz Europa und Amerika rauschende Erfolge. Egal, ob mit seinen Walzern »Wiener Blut« und »Kaiserwalzer« oder seinen Operetten »Fledermaus« und »Zigeunerbaron«. 1876 dirigiert er in Boston 20 000 Sänger vor über 100 000 Zuschauern. Der Beginn dieses Konzerts ist ungewöhnlich: Erst als eine Kanone zu schießen beginnt, legen die Musiker los. Die Besucher hier wollen aber mehr als nur Musik hören. Sie reißen sich um die schwarze Lockenpracht des Wiener Walzerkönigs. Was tun? Johann Strauß kann ja nicht jede Locke herschenken! Also engagiert er einen jungen Insulaner. Und verteilt kurzerhand dessen Locken als seine eigenen. Beliebt und berühmt stirbt Wiens großer Walzerkönig schließlich 1899.

DER SAFT DES LEBENS

Franz Grillparzer tritt ein. Er setzt sich, ringsum freundlich grüßend, an den Tisch. Der Marqueur (Oberkellner) eilt auf ihn zu und bringt die lange Pfeife und das Zuckerwasser. Auch Ferdinand Raimund ist mit von der Partie. Tänzelnd hebt er seinen Billardstock zum Gruße, ehe er auf dem Billardtisch die weiße Kugel an die rote prallen läßt. Und der sensible Dichter Nikolaus Lenau sinniert laut vor sich hin: »Drei Dinge gehören zum vollkommenen Dasein: der duftende Mokka am Tisch, die Pfeife im Mund und eine Idee im Kopf.« Wer nicht zu den üppigen Festen in den Haussalons (siehe Seite 90) geladen ist, der amüsiert sich und diskutiert im Kaffeehaus. 47 Kaffeehäuser existieren 1837 bereits in Wien. Wer den Mokka oder Surrogat-Kaffee, die Limonade oder den Punsch bezahlen kann, hat Eintritt. Zeitungen und eine Pfeife bekommt übrigens jeder Gast umsonst. Am Buffet thront die oft wunderschöne »Sitzkassierin« und führt die Rechnung. Bis 1840 ist sie allerdings die einzige Frau, die in das Kaffeehaus darf. Die große Blüte erlebt das Kaffeehaus erst 45 Jahre später. 1885 sind quer über Wien schon rund 500 Kaffeehäuser verstreut. Was Rang und Namen hat, trifft sich im »Café Griensteidl«. Hier verkehren Schriftstel-

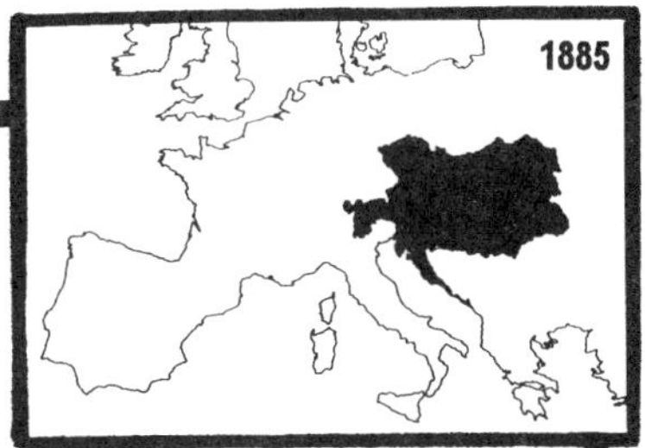

ler wie Hermann Bahr, Hugo von Hofmannsthal und Arthur Schnitzler (siehe Seite 110). Sie alle fühlen sich modern und nörgeln über die verkorksten Sitten der Adeligen. Im »Café Sperl« treffen sich Maler und Architekten. Das »Café Museum« wird zur zweiten Heimat der modernen Künstler. Im »Café Central« schlagen Musiker wie Gustav Mahler ihre Zelte auf. Wo immer die Söhne reicher Bürger gerade ihren Kaffee trinken: einer ist überall zu sehen. Sein Name ist Peter Altenberg. Ein kleiner Mann mit Glatze und wucherndem Oberlippenbart. Seine Stärke ist die Beobachtungsgabe. Seine Schwäche ist, daß er zeit seines Lebens pleite ist. Schnorrend zieht er durch die Stadt. Seine Erlebnisse legt er schriftlich nieder. »Wie ich es sehe« nennt er sein erstes Buch, das 1896 erscheint. Heute gilt Altenberg als der Meister der Kaffeehausliteratur. Damals wird er als »Narr von Wien« schon zu Lebzeiten zum Begriff. Als Lebenskünstler aber hat er bis zu seinem Tod im Jahre 1919 ein ganz schönes Sümmchen zusammengeschnorrt. Zwischen den Hunderten Postkarten, Briefen und Fotos findet man in seinem Zimmer im Graben-Hotel 100 000 Kronen.

Kommen die Kaffeebohnen noch um die Jahrhundertwende aus Ländern wie Indien oder Brasilien, so verändert sich das im Krieg. Die Leute hungern. Kaffeebohnen gibt es nicht mehr. Da sie aber auf Kaffee nicht verzichten wollen, greifen die Menschen zur Selbsthilfe. Im Spätsommer gehen sie auf die Felder und sammeln Getreidekörner. Diese rösten sie in einer Pfanne an und mahlen die Körner in der Kaffeemühle. Über die feingemahlenen Körner kommt heißes Wasser. Der Gerstlkaffee, wie er genannt wird, ist fertig. Wenn du wissen willst, wie dieser Kaffee schmeckt, dann mach es doch wie die Leute damals.

DAS GEHEIMNIS VON MAYERLING

»Die Wahrheit ist viel ärger als alle Versionen.« So spricht Kaiser Franz Joseph I. über den Tod seines Sohnes Rudolf. Tatsächlich ist bis heute unklar, warum sich Rudolf am 30. Jänner 1889 gemeinsam mit Mary Vetsera das Leben nimmt. Vielleicht ist es seine unglückliche Liebe zu ihr. Denn Rudolf ist verheiratet. Seine Gemahlin ist die belgische Königstochter Stephanie. Stephanie und Franz Joseph wollen nicht zulassen, daß Rudolf sich scheiden läßt. Vielleicht aber ist auch Rudolfs Stolz schuld an seinem Tod im Jagdschloß von Mayerling. Immerhin ist er schon 30 Jahre alt und noch immer »nur« Prinz. Sein Vater Franz Joseph denkt nicht daran, den Thron zu räumen. Und in Deutschland regiert Wilhelm II., der ungefähr gleich alt ist wie Rudolf. Knapp vor Rudolfs Tod besucht der deutsche Kaiser Wilhelm das Kaiserhaus. Hat er sich über Rudolf lustig gemacht? Möglicherweise liegt es auch an den politischen Plänen Rudolfs. Er will nicht mit den Deutschen verbündet sein. Er bevorzugt die Franzosen. Er mag die Kirche nicht. Und er will statt seines Vaters König von Ungarn werden. Manche glauben, daß Franz Joseph davon erfährt. Seinen Sohn zur Rede stellt. Und Rudolf sich daraufhin umbringt. Vielleicht aber liegt der Tod Rudolfs auch nur darin begründet, daß er schwer krank und drogensüchtig ist.

Mary Vetsera

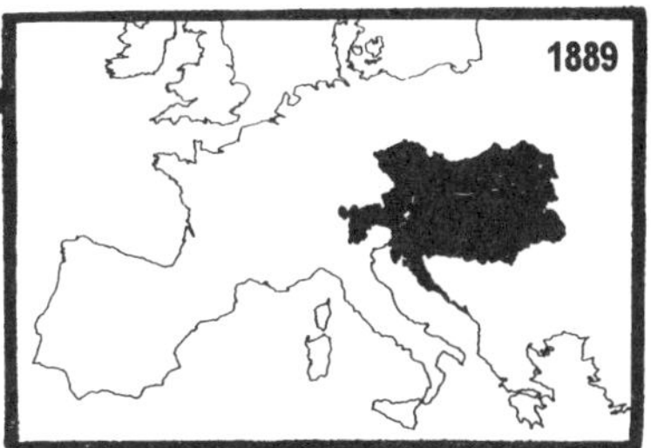

Nur eines ist sicher: Rudolf bringt zuerst Mary Vetsera und danach sich selbst um. Weil aber die Familie Habsburg die Wahrheit nicht erzählen will, glauben das viele Österreicher damals wie heute nicht. Noch in unserer Zeit hat das Auswirkungen. Zu Weihnachten 1992 wendet sich der Linzer Möbelhändler Helmut Flatzelsteiner an die »Kronen Zeitung«. Er hat, so sagt er, den Totenkopf von Mary Vetsera aus dem Grab genommen. Er will damit erreichen, daß die Vorfälle von Mayerling geklärt werden. Aber nicht einmal modernste Geräte lassen sichere Schlußfolgerungen zu.

Kronprinz Rudolf und Stephanie

UNGLÜCK BEI HOF

Verstohlen streunt der schwarzhaarige Mann durch Genf. In den weiten Taschen seines Mantels verbirgt er eine Feile. Luigi Luccheni, so heißt der Mann, haßt alle Kaiser dieser Erde. Noch ein paar Schritte, und er kann seinen entsetzlichen Plan ausführen. Luigi tut so, als würde er stolpern. Eine alte Dame hilft ihm auf die Beine. Da, plötzlich, rammt er der Dame die Feile in die Brust. Es ist die Kaiserin von Österreich, die der Mann getötet hat. Elisabeth, oder Sisi, wie sie die Österreicher nennen, hat ein langes und manchmal unglückliches Leben hinter sich. Am 24. April 1854 heiratet die Bayerin Kaiser Franz Joseph I. von Österreich. Schon als Kind lernt Sisi reiten, angeln und bergsteigen. Doch von den Pflichten einer Kaiserin hat sie keine Ahnung. So beginnt sie sich schon bald nach ihrer prunkvollen Hochzeit unglücklich zu fühlen. Am Wiener Hof gibt es so viele Regeln zu beachten! Sie wünscht sich in die bayerische Bergluft zurück. Und das, obwohl die Österreicher und vor allem die Ungarn sie lieben wie keine andere Kaiserin zuvor. Sisi ist schön. Sisi wirkt natürlich. Den Adeligen bei Hof gefällt das Auftreten der Kaiserin weniger. Deshalb bevorzugt Sisi schon bald ihre Schlösser in Ungarn und auf der griechischen

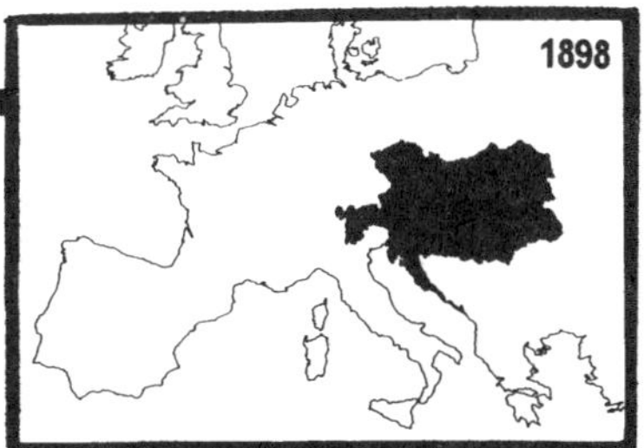

Insel Korfu. Nachdem ihr einziger Sohn, Kronprinz Rudolf, sich aus bis heute nicht geklärten Gründen am 30. Jänner 1889 umgebracht hat, verzichtet sie endgültig auf das Leben in Wien. Ruhelos zieht sie in ganz Europa umher, bis sie am 10. September 1898 von Luigi Luccheni erstochen wird. Ihr Tod erregt gewaltiges Aufsehen in Österreich. Zehntausende folgen dem schwarzen Wagen, in dem der Körper Sisis zu seinem Grab gebracht wird. Noch 60 Jahre später merkt man in Österreich, wie sehr die Kaiserin beliebt war. Die drei »Sissi«-Filme von Franz Antel werden zu Welterfolgen. Die Hauptrollen spielen Romy Schneider und Karlheinz Böhm. Letzterer zeigt sich aber bald von der Filmwelt ähnlich enttäuscht wie Sisi von der Welt des Kaisers. Heute hilft Böhm den Armen in Äthiopien.

Obwohl mit Sisi die beliebteste Kaiserin Österreichs stirbt, geht das Leben fröhlich weiter. Auch, was die Kunst betrifft. 1898 stellen die sogenannten »Secessionisten« das erste Mal ihre Bilder in Wien aus. »Secession« bedeutet Abspaltung. Abspaltung von jenen Künstlern, die so malen wie alle zuvor. Die Secessionisten wollen neue Wege gehen. Ihr Motto: »Der Zeit ihre Kunst – der Kunst ihre Freiheit«. Ihre Kunst nennt sich Jugendstil. Wichtige Vertreter sind Egon Schiele und Oskar Kokoschka. Der bedeutendste ist Gustav Klimt. Seine Bilder sind sehr bunt mit viel Gold. Der Hintergrund und sehr oft die Kleider der dargestellten Menschen sind mit Blumen und geometrischen Formen übersät und wirken wie ein Mosaik.

DIE ZERLEGUNG DER SEELE

Schweißgebadet schreckt er aus tiefem Schlaf hoch. Sein Onkel Josef ist ihm gerade im Traum erschienen. Ausgerechnet dieser Schwachkopf hat dasselbe Gesicht wie ein Kollege! Der Traum macht Geschichte. Denn der, der ihn träumt, heißt Sigmund Freud. Schon mit elf Jahren ist dem blitzgescheiten Burschen eine tolle Laufbahn vorhergesagt worden. Nun wird sie Wirklichkeit. Denn Sigmund Freud erkennt mit Hilfe seines Traums vom Onkel Josef, daß sich Menschen in ihren Träumen geheime Wünsche erfüllen. Diese Idee schreibt er 1899 in seinem Buch »Traumdeutung« nieder. Berühmt wird er aber mit seinen Vorstellungen von der Kindheit: Alles, was Erwachsene machen, wird von der eigenen Kindheit bestimmt. Wenn ein Kind zum Beispiel nicht lange an der Brust der Mutter nuckeln darf, dann will es das als Erwachsener nachholen. Er lutscht Eis oder greift zur Zigarre. Sigmund Freud glaubt, daß die meisten seelischen Krankheiten aus der Kindheit stammen. Als Behandlung schlägt er vor, lange über die eigene Kindheit nachzudenken. Am besten mit Hilfe eines Arztes, wie er einer ist. Diese Behandlung heißt »Psychoanalyse«, auf deutsch: »die Zerlegung der Seele«. Die Gedanken, die dahinter stecken, heißen »Psychologie«, die »Lehre von

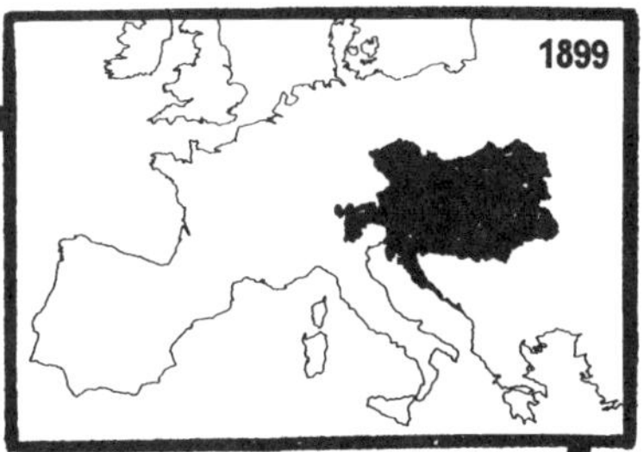

der Seele«. Sigmund Freuds Lehre ist heftig umstritten. Die Ärzte wollen sie verbieten. Die Patienten aber strömen nur so in Freuds Praxis. Rasch findet Freud auch viele Anhänger. Einer der berühmtesten heißt Alfred Adler. Dieser entwikkelt neue Ideen über die Seele. Er glaubt, daß alle Menschen Macht und Liebe haben wollen. Wenn zum Beispiel jemand häßlich ist und deswegen keine Liebe bekommt, strengt er sich vielleicht im Sport besonders an. Dann bekommt er Liebe, weil er so sportlich ist. Freud und Adler beginnen bald zu streiten. Heute halten die Wissenschaftler beide Ideen für sehr wichtig. Das, was Freud für die Wissenschaft ist, ist der Arztsohn Arthur Schnitzler für die Welt der Literatur. In seinen Werken beschreibt er die Gedanken und Gefühle der Menschen, die sich oft von dem, wie sie sich nach außen geben, stark unterscheiden. 1901 wird eine seiner Novellen deshalb zum Skandal. Denn Schnitzler schildert den »Leutnant Gustl« als feige und ängstlich. Und das darf ein Angehöriger des Militärs nicht sein. Deshalb herrscht furchtbare Aufregung unter den Soldaten in Österreich. Noch größer ist der Skandal über das Theaterstück »Der Reigen«. Hier stellt Schnitzler auf der Bühne Menschen dar, die miteinander schlafen. Das Stück wird verboten. Heute ist Österreich stolz auf Arthur Schnitzler.

Seit jeher versuchen die Menschen ihre Träume zu deuten. Eines der ältesten Traumbücher stammt von Achmet, dem Leibarzt und Hoftraumdeuter des Kalifen Al-Manun. Einige Beispiele: Prinzessin – du wirst Angenehmes erfahren; Bruder – du wirst Verdruß haben; Schwester – glückliche Verbindung; Schule – viele Sorgen; Kuß – du wirst heiß geliebt; weißes Pferd – Freude und Glück; Eis essen – du tust Überflüssiges; Hafen sehen – greife schnell nach deinem Glück.

DER FRIEDENSENGEL

Das Haar trägt die 62jährige Baronin hochgesteckt. Der Hutschleier weht um ihre Schultern. Bertha von Suttner streift ihr glänzendes Seidenkleid zurecht, ehe sie ihre Dankesrede beginnt. Am 10. Dezember 1905 bekommt Bertha von Suttner den Nobelpreis zugesprochen. Das Geld kann sie gut brauchen. Denn reich ist sie nie gewesen. Geboren wird Bertha Sophia Felicita als Gräfin Kinsky am 9. Juni 1843 in Prag. Die Kinskys zählen zu den reichsten Adeligen Böhmens. Davon hat die kleine Bertha nur wenig. Denn ihre Mutter ist »geworfen«. So nennt man in adeligen Kreisen bis heute jene, die keine 16 hochadeligen Urgroßeltern nachweisen können und deshalb am Wiener Kaiserhof nicht zugelassen sind. Überdies stirbt Berthas Vater früh. So ziehen Mutter Sophie und Tochter nach Brünn. Das kleine Vermögen verspielt Mutter Sophie beim Roulette. Bertha muß im Alter von 30 Jahren einen Job bei der Familie von Suttner annehmen. Weil sie sich in den jungen Arthur von Suttner verliebt, muß sie die Familie verlassen. Sie fährt nach Paris und wird Sekretärin von Alfred Nobel, dem Erfinder des Dynamits. Der Schwede verdient mit seiner Erfindung soviel Geld, daß er den Nobelpreis stiftet. Bis heute ist das die höchste Auszeichnung für einen Wissenschaftler geblieben. Mit Alfred Nobel diskutiert Bertha das erste Mal über Krieg und Frieden. Die Liebe zu ihrem jungen Arthur aber ist so groß, daß Bertha Nobel verläßt, um Arthur heimlich zu heiraten. Gemeinsam ziehen sie nach Ruß-

Bertha von Suttner

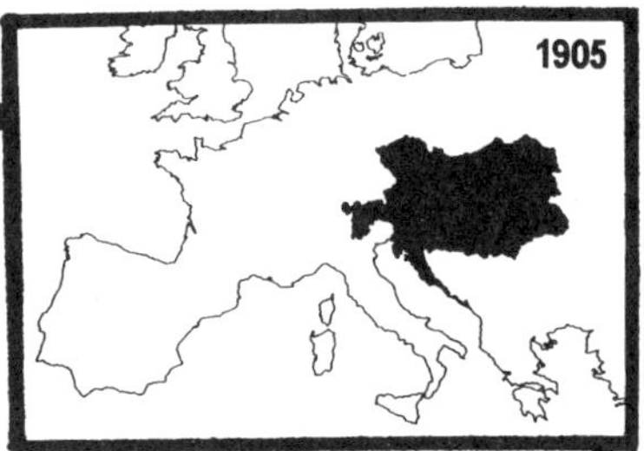

land und halten sich mit Zeitungsartikeln über Wasser. 1885 kehrt das Paar in das Haus Suttner im Waldviertel zurück. Hier schreibt Bertha ihr bestes Buch. In »Die Waffen nieder« beschreibt sie die schrecklichen Auswirkungen des Krieges auf die Menschen. 1891 gründet Bertha die »Österreichische Gesellschaft der Friedensfreunde«. Das Geld für ihre Arbeit bekommt sie von Alfred Nobel. Sie hält in der ganzen Welt Vorträge zum Thema Frieden. Ihre Reden verhallen kaum gehört. Knapp einen Monat nach ihrem Tode beginnt der Erste Weltkrieg.

Die aktive Bertha, die mit fünfzig Jahren noch Fahrradfahren lernt, tritt nicht nur für den Frieden ein. Sie ist auch für die Besserstellung der Frau und gegen die Hetze gegenüber der jüdischen Bevölkerung. Um ihre Ideen durchzusetzen, bittet sie berühmte Persönlichkeiten um finanzielle oder persönliche Unterstützung. Der Komponist Franz von Suppé schreibt für sie sogar ein Musikstück. Er nennt es »Die Waffen nieder«.

Hier die erste Strophe:

Es braust ein Ruf wie Donnerhall,
es tönet durch die Lande.
Es füllt den weiten Erdenball –
vom Fels zum Meeresstrande.
Es ist in Wort so mild und hehr,
und weithin hallt es wieder,
das Losungswort der Friedenswehr,
das Wort: die Waffen nieder,
die Waffen nieder,
das Wort: die Waffen nieder.

FREI UND GEHEIM

Am deutlichsten merkt man's in der Küche. Powidltatschkerln, Gulasch, Debreziner oder Wiener Schnitzel, Nockerln und Fridattensuppe. Was heute als gute österreichische Küche gilt, stammt aus allen Teilen des alten Kaiserreichs. Die Tatschkerln und Nockerln kommen von den Tschechen, das Wiener Schnitzel und die Fridattensuppe von den Italienern, das Gulasch und die Debreziner von den Ungarn. In Österreich-Ungarn leben aber noch andere Völker. Alle wollen sie selbst bestimmen, was gut für sie ist. Kaiser Franz Joseph aber befürchtet, daß sich die Böhmen und alle anderen von seinem Reich lossagen, wenn sie über sich selbst bestimmen können. Deshalb läßt er im Mai 1907 erstmals Wahlen zu. Der Kaiser glaubt, daß die Menschen bei Österreich bleiben wollen, wenn sie wählen dürfen. Nur wer älter als 21 Jahre und ein Mann ist, darf wählen. Der Kaiser redet ein gewichtiges Wörtchen mit. Wenn ihm ein Gesetz nicht gefällt, verbietet er es. Zur ersten freien und geheimen Wahl in der Geschichte Österreichs stellen sich zahlreiche Parteien. Die »Christlichsoziale Partei« will, daß die Kirche ihre Ideen besser durchsetzen kann. Die »National-Liberalen« wollen Österreich-Ungarn in Sprachgebiete teilen. Die »Sozialdemokratische Arbeiterpartei« will, daß es den Arbeitern bessergeht. Das ist bitter nötig. Denn die Hunderttausenden Arbeiter Österreich-Ungarns leben im Elend. Die meisten müssen auf Strohsäcken

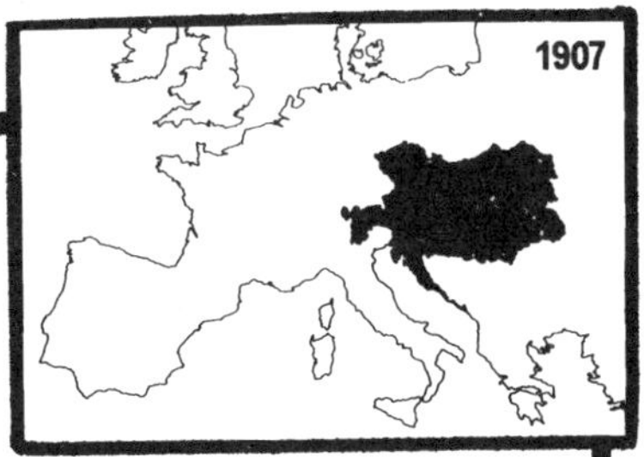

schlafen. Von ihrem kärglichen Lohn können sie knapp das Essen für ihre Familie zahlen. Kleidung ist fast unerschwinglich. Dabei hat es schon früher große Fortschritte gegeben. Seit 1883 haben Arbeiter am Sonntag frei. Seit 1885 müssen sie nur noch elf Stunden täglich arbeiten. Und Kinderarbeit wird überhaupt verboten. Davon profitiert ihr noch heute: Immerhin haben Kinder früher genauso arbeiten gehen müssen wie Erwachsene. Viele sind krank geworden, viele gestorben. Und dio Schule mag zwar anstrengend sein, aber immer noch besser, als in der Fabrik zu arbeiten!

Die österreichische Küche ist weit über die Grenzen unseres Landes berühmt. Powidltatschkerln machst du so: Du schälst ein Kilo mehlige Erdäpfel, kochst sie – und machst daraus Erdäpfelgatsch. Dann gibst du zu den heißen Erdäpfeln ein Ei, 25 dag griffiges Mehl, 3 dag Butter und 3 dag Grieß. Aus all dem machst du einen Teig. Dann schüttest du Mehl auf den Tisch und auch auf den Nudelwalker. Du legst den warmen Teig auf den Tisch und rollst ihn so lange aus, bis er so dick ist wie dein kleiner Finger. Dann nimmst du ein Glas und stichst mit ihm runde Scheiben aus dem Teig aus. Auf die Mitte der Teigscheiben gibst du Powidl (das ist Zwetschkenmarmelade). Dann faltest du die Teigscheiben zusammen. Das Ergebnis schaut aus wie Taschen – und hat in Wien Tatschkerl geheißen. Nun kommen die Tatschkerln in kochendes, leicht gesalzenes Wasser. Wenn sie oben im Topf schwimmen, nimmst du sie wieder heraus. Dann gibst du Butter in eine Pfanne. Wenn die Butter flüssig ist, schüttest du Brösel hinein. Wenn die Brösel goldbraun geworden sind, schüttest du sie aus der Pfanne über deine Tatschkerln. Noch Staubzucker drauf – und dein Original-Kaiserreich-Essen ist fertig!

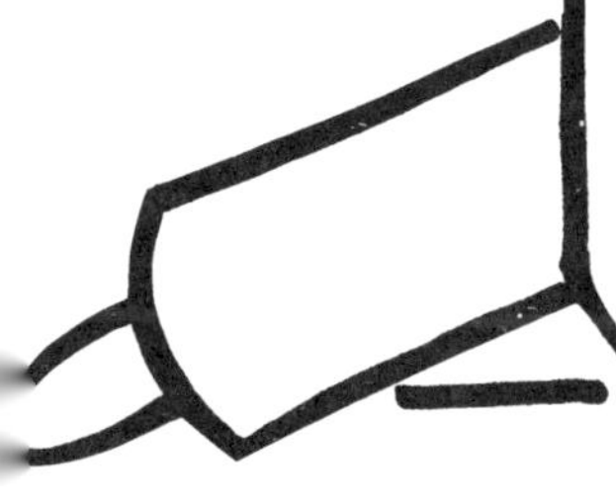

DAS VERFLUCHTE HAUS

»Das ist ein Scheusal von einem Haus!« Hochrot im Gesicht brüllt der Wiener Gemeinderat Rykl seinen Zorn in die Menge. Und die Wiener Bürger applaudieren, ist ihnen doch der Architekt aus Brünn schon lange ein Dorn im Auge. Der Grund, warum die Wiener den Architekten Adolf Loos am liebsten aus der Stadt hinausjagen wollen, ist ein Haus. 1910 beginnt der hagere Architekt im Auftrag der Modefirma Goldman & Salatsch ein vierstöckiges Gebäude am Michaelerplatz zu bauen. Als es sich herumspricht, daß die Bürger Wiens ein schmuckloses Haus vor die Nase gesetzt bekommen, beginnt die Hetzjagd auf den eigenwilligen Mann. Der Weiterbau wird von der Behörde untersagt. Doch Adolf Loos bleibt hart. Schnörksel, Ornamente und anderer Firlefanz kommen nicht auf sein Haus. Das, was er bauen will, ist ein gänzlich einfaches Haus. Kennengelernt hat Adolf Loos diesen Baustil auf seiner Amerikareise. Dort entstehen um die Jahrhundertwende die ersten Wolkenkratzer. Das Gerüst dieser Häuser ist aus Stahlbeton. Und so ähnlich baut Adolf Loos auch das Haus in Wien, das er doch noch fertigstellt. Loos liebt Amerika. Sosehr, daß er sein Wiener Zimmer mit US-Fahnen ausstaffiert. Klar, daß alles, was Loos anpackt, irgendwie amerikanisch ist. So auch das »Café Museum«, das er 1899 einrichtet. Die Ausstattung ist karg, und die Wiener rächen sich, indem sie Loos »Amerikaner« verspötteln. Heute sind das umgebaute »Café Museum« und das »Loos-Haus« stolze Herzeigestücke der Wiener. Adolf Loos aber stirbt 1933

Adolf Loos

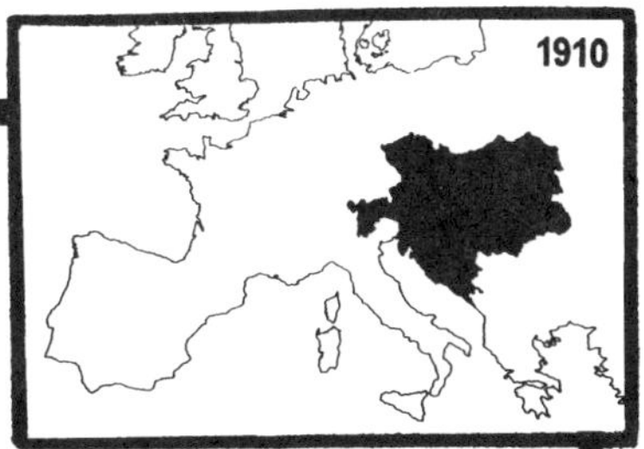

in einer Wiener Nervenklinik, einsam und allein. Und noch ein Traum ist ihm zeit seines Lebens versagt geblieben: Das erste Hochhaus in Österreich wird 1932 von Siegfried Theiß und Hans Jaksch erbaut. Es steht in der Herrengasse in Wien.

PENTAMINE

Berühmt für ihren sachlichen Stil wird zu dieser Zeit Margarethe Schütte-Lihotzky. Ihre Karriere beginnt die Architektin beim Bau der Wiener Gemeindewohnungen. Den Durchbruch aber schafft sie in Deutschland. Hier entwirft sie die »Frankfurter Küche«. Stehen bis zu dieser Erfindung der Herd, das Abwaschbecken und der Mistkübel irgendwo in der Küche herum, so hat bei der »Frankfurter Küche« alles seinen richtigen Platz. Der Herd, der Kühlschrank und die Geschirrkästen hängen zusammen und bilden ein Ganzes. Weil die Küchenteile nicht einzeln herumstehen, sondern in die Gesamtküche eingebaut sind, nennt man die »Frankfurter Küche« auch Einbauküche. Heute steht die Einbauküche fast in jedem Haushalt quer über den Erdball.

Kombinationstalent erfordert von dir auch das folgende Spiel: Zeichne zunächst fünf Quadrate, die jeweils 3 cm lang und 3 cm breit sind. Bemale die Quadrate in unterschiedlichen Farben. Lege die einzelnen Quadrate so aneinander, daß sie immer eine andere Figur ergeben. Jetzt zeichnest du die jeweilige Form auf ein Blatt Papier, damit du zum Schluß weißt, welche Figuren du bereits gelegt hast. Wer als erster 12 unterschiedliche Figuren zusammenbringt, der hat gewonnen. In der Fachsprache heißt dieses Spiel übrigens »Pentamine«. Übersetzt heißt das »fünf Dinge, die gleich ausschauen«. Und aus diesen fünf Dingen kannst du höchstens 12 unterschiedliche Figuren legen. Doch Achtung: Das Spiegelbild einer Figur gilt nicht als eine eigene Figur.

SCHÜSSE IN SARAJEVO

Langsam tuckert das schwarze Auto durch die engen Gassen Sarajevos. Darin sitzen Franz Ferdinand, der nächster Kaiser Österreichs werden soll, und seine Frau Sophie. Tausende Menschen begleiten das Fahrzeug. Sie jubeln dem Paar zu. Streuen Konfetti und Blumen. Plötzlich stürzt ein schmächtiger junger Mann vor. Zieht eine Pistole und erschießt das junge Paar. Gavrilo Princip, so heißt der junge Mann, will damit die Ideen von Franz Ferdinand verhindern. Der wollte, daß Bosnier und Kroaten weitgehend über sich selbst bestimmen können. Gavrilo Princip will, daß Bosnien mit Serbien zusammenarbeitet. Wenn ihr heute Nachrichten anschaut, werdet ihr merken, daß sich die Geschichte ein wenig wiederholt. Schon wieder wird gemordet, weil Kroaten, Serben und Bosnier unterschiedlicher Meinung sind. Das Attentat von Gavrilo Princip am 28. Juni 1914 führt jedoch zu einem Krieg von vernichtendem Ausmaß. Die großen Staaten Europas scheinen nur darauf gewartet zu haben, daß sie übereinander herfallen können. Österreich-Ungarn beginnt den Krieg am 28. Juli 1914 gegen Serbien. Auf der einen Seite stehen Österreich-Ungarn und Deutschland. Auf der anderen Seite kämpfen England, Frankreich, Rußland und Serbien. Nach und nach wird auf

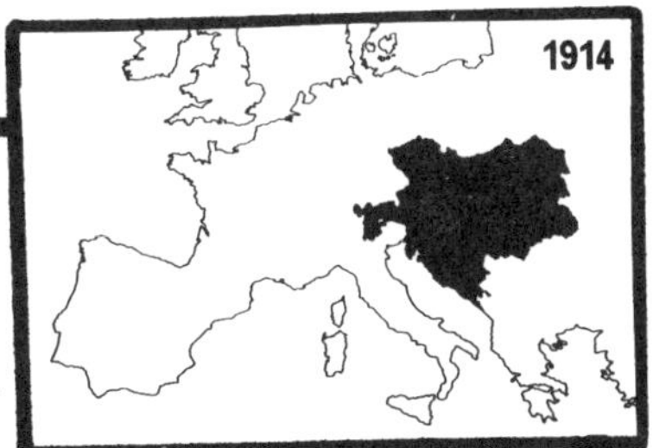

der ganzen Welt gekämpft. Die Begeisterung in Österreich ist groß. Die meisten glauben, daß Österreich rasch gewinnen wird. 1916 ist dann ein schreckliches Jahr. Lebensmittel werden knapp, die Menschen beginnen zu hungern. Am 21. November stirbt Kaiser Franz Joseph I. Mit ihm geht die Hoffnung auf ein baldiges Kriegsende, oder gar einen Sieg, verloren. Vier Jahre lang dauert der Krieg, der später »Erster Weltkrieg« genannt wird. Der eindeutige Verlierer ist Österreich-Ungarn.

Zu Beginn des Ersten Weltkriegs setzt Kaiser Franz Joseph eine Maßnahme, die wir noch heute spüren. Wenn eine Frau ihren Mann im Krieg verliert, muß sie nur wenig Miete zahlen. Diese Maßnahme heißt »Friedenszins«. Deswegen gibt es Menschen, die heute nur ein paar Schilinge für ihre Wohnung zahlen müssen. Du kannst dafür sorgen, daß Lebewesen eine schöne Wohnung bekommen.

Du brauchst 0,5 cm dicke Holzstücke in folgenden Maßen: zwei, die 15 x 15 cm groß sind (das sind die Seltenwände); zwei, die 20 x 15 cm groß sind (das sind Boden und Decke); eines, das 20 x 16 cm mißt (die Rückwand); eines, das 5 x 20 cm groß ist (die Vorderwand). Wenn du diese Holzstücke bemalst und aneinandernagelst, hast du ein perfektes Vogelhäuschen gebaut! Wie's fertig ausschaut, das kannst du nebenan sehen!

DIE WILDEN WEIBER

»Wir kämpfen für das gleiche Recht. Wir wollen zu den Wahlen.« Rund tausend Frauen in langen Arbeitskitteln und kleinen Strohhüten lauschen 1893 der erst siebzehnjährigen Rednerin Amalie Ryba. Obwohl über 40 Prozent der Frauen 12 Stunden täglich in Fabriken oder Landwirtschaft arbeiten, obwohl sie den Haushalt und die Erziehung ihrer Kinder alleine bewältigen müssen, sind ihre Rechte noch zur Jahrhundertwende äußerst beschränkt. So dürfen »Ausländer, Frauenspersonen und Minderjährige« weder Mitglieder politischer Vereine sein, noch selbst welche gründen. Auch dürfen die Frauen nicht an politischen Veranstaltungen teilnehmen, und vom Recht zu wählen kann keine Rede sein. Deshalb blasen sie zum Kampf. Mit wenig Erfolg. Schon zwei Tage nach der Wahlrechtskundgebung in der Penziger Au wird Amalie Ryba verhaftet und landet im Gefängnis. Ansonsten gehen Österreichs Frauen den Weg der Bittschriften. Die Frauen treffen sich an einem geheimen Ort und verfassen ein Schriftstück. Dieses Schriftstück geben sie dann männlichen Abgeordneten im Reichsrat. Für Abgeordnete, die es vortragen, ist das ziemlich peinlich. Der Sozialdemokrat Pernerstorfer wird sogar höhnisch ausgelacht. Und während ihn der Mut verläßt, nehmen die Frauen mehr und mehr ihr Schicksal in die eigene Hand. Allen voran Adelheid Popp. 1869 wird sie in Wien als Tochter eines

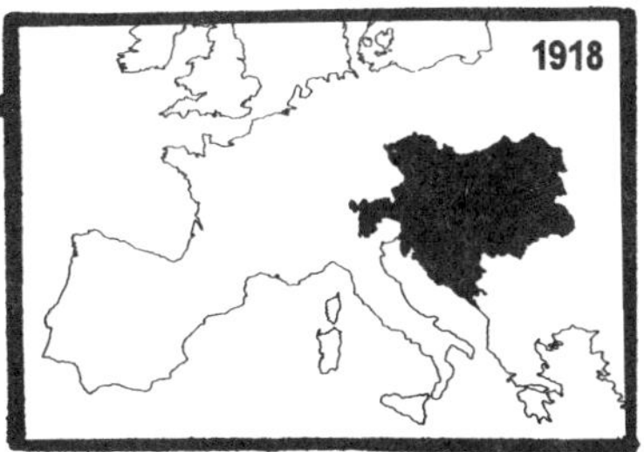

trunksüchtigen Webers geboren. Schon ab ihrem zehnten Lebensjahr muß sie als Dienstmädchen, Näherin und in einer Fabrik arbeiten. Mit 13 bricht sie zusammen. 1892 gründet sie die Arbeiterinnen-Zeitung. Sie versucht die Arbeiterinnen von ihrem Kampf zu überzeugen. Aber die meisten Frauen wollen nichts anderes als heiraten, Kinder bekommen und in Ruhe leben. Ihnen ist lange Zeit nicht klar, daß sie schamlos ausgebeutet werden. Anders ist das bei wohlhabenden Frauen. So setzt Marianne Hainisch, die mit einem Textilindustriellen verheiratet ist, erfolgreich auf die Mädchenbildung. Sie glaubt, daß mit höherer Bildung und einem besseren Beruf auch die Aussicht auf eine gesellschaftliche Besserstellung steigt. Doch ist das Schulgeld damals ziemlich hoch. Auf lange Sicht hat Marianne Hainisch recht behalten. Und noch etwas: Der Muttertag geht ebenfalls auf sie zurück.

Mit dem Ersten Weltkrieg verändert sich die Situation gänzlich. Während viele Männer auf dem Schlachtfeld sind, sorgen die Frauen für alles. Bald schon arbeiten sie in typischen Männerberufen, sind Schaffnerinnen, Briefträgerinnen und hantieren mit Preßlufthämmern. Für dieselbe Arbeit aber bekommen sie weniger Lohn als die Männer. Das hat sich übrigens bis heute nicht geändert. Am 18. Dezember 1918 gelingt ihnen der politische Durchbruch: das Frauenwahlrecht wird eingeführt. In der Schweiz dürfen die Frauen erst ab 1971 wählen, in Portugal gar erst seit 1976. Heute müssen im Parlament mindestens 25 Prozent der Abgeordneten Frauen sein. Das sagt zumindest das Gesetz. Heute spielen Frauen eine große Rolle. Trotzdem fehlt vielen ihrer Berufe die richtige Bezeichnung. So werden Ärztinnen immer noch als Doktor angeredet, obwohl das eigentlich die Bezeichnung für einen männlichen Arzt ist. Laß dir weibliche Berufsbezeichnungen einfallen. Fallen dir weniger als 7 ein, dann bekommst du den Beinamen »Primaticus/Primatica«. Bei weniger als 13 heißt du »Traditionellus«, bei mehr als 17 »Superlativus«.

DER REST IST ÖSTERREICH

Kaiser Karl friert. Sein Gesicht ist aschfahl. Mit zitternden Fingern unterschreibt er am 11. November 1918 seinen Rücktritt. Da hilft es auch nichts, daß seine Frau Zita ihm schreiend davon abrät. Staatskanzler Dr. Karl Renner ruft die Republik Österreich aus. Nie wieder soll ein Kaiser regieren. Im April 1919 müssen alle Habsburger Österreich verlassen. Fast alles wird ihnen weggenommen. Hungern werden sie – im Gegensatz zu vielen Österreichern – trotzdem nicht. Die Regierung verbietet Adelstitel. Seither gibt es in Österreich keine Fürsten, Grafen oder Barone mehr. Dabei ist damals nicht so klar, was dieses Österreich eigentlich ist. Rundherum entstehen neue Staaten. Ungarn und die Tschechoslowakei zum Beispiel. »Der Rest ist Österreich«, urteilt der französische Ministerpräsident George Clemenceau 1919 spöttisch. Kärnten kommt erst 1920 endgültig zu Österreich. Das Burgenland 1921. Armut herrscht überall. Denn das Brot für die Österreicher ist früher aus Ungarn gekommen. Andere Waren aus der Tschechoslowakei. Das einzige, wovon Österreich im Überfluß besitzt, sind Beamte. Der junge Staat macht Schulden. Geld wird immer weniger wert. Kostet 1914 das Brot eine halbe Krone, muß man acht Jahre später fast 6000 Kronen dafür zahlen. Kanzler Dr. Ignaz Seipel, ein Priester, macht dem ein Ende. 1922 entläßt er

Ignanz Seipel

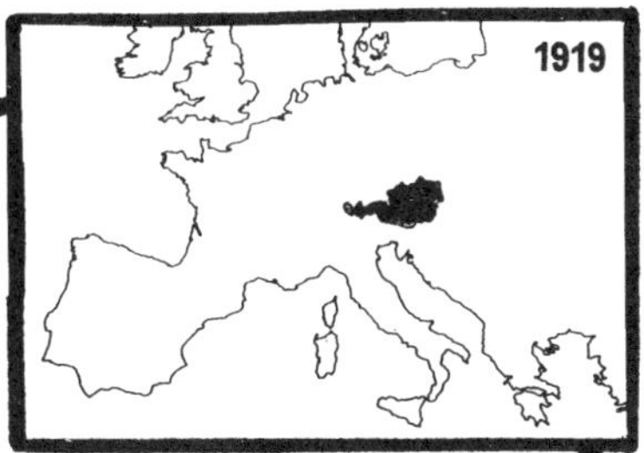

90 000 Beamte. Dafür bekommt er von anderen Staaten viel Geld. Dieses Geld gibt Ignaz Seipel der neu gegründeten »Oesterreichischen Nationalbank«. Die Bank prägt damit das neue Geld Österreichs: Schilling und Groschen.

Die Parteien von damals gibt es in ähnlicher Form auch heute. Erkennen kannst du sie leicht an ihren Farben!

Die »Sozialdemokratische Arbeiterpartei« heißt heute SPÖ. Ihre Farbe ist Rot. Rot deshalb, weil die Arbeiter bei ihrem ersten Kampf in Frankreich eine rote Fahne geschwenkt haben. Das war auch kein Zufall: Rot war die Farbe des Krieges.

Die »Christlichsoziale Partei« heißt heute ÖVP. Ihre Farbe ist Schwarz. Schwarz deshalb, weil früher viele Priester – wie Dr. Ignaz Seipel – führend in ihr tätig waren. Und Priester haben ja oft schwarzes Gewand an.

us den »National-Liberalen« (siehe eite 114) sind heute die »Freiheitlien« und das »Liberale Forum« herrgegangen. Die Farbe beider Parteien Blau, die eine ein bißchen dünkler, andere heller. Blau deshalb, weil die blingsblume des deutschen Kaisers helm II. die Kornblume war. Die ist blau d weil manche »National-Liberalen« deutschen Kaiser großartig gefunen haben, haben sie damals Blau zu ihrer Farbe gemacht.

Die »Grünen« hat es damals nicht gegeben. Sie sind erst in den 80er Jahren unseres Jahrhunderts gegründet worden. Grün ist ihre Farbe, weil sie sich sehr für unsere Natur einsetzen.

Österreich im Kinofieber

Steinbrocken fliegen durch die Luft. Feuerzungen lecken an den Wänden des Tempels empor und versetzen 3000 Menschen in Panik. Gekonnt halten die Kameramänner ihre Bildeinstellung auf die kreischenden Statisten, die in Todesangst um ihr Leben rennen. Für einige Hobbyschauspieler aber kommt jede Hilfe zu spät. Sie sterben noch während der Dreharbeiten am Wiener Laaer Berg. »Sodom und Gomorrha« heißt dieser Film, der 1922 die Schauspieler in Angst versetzt und die Kinoliebhaber begeistert. Der Wiener Filmproduzent Alexander Kolowrat-Krakowsky wird dadurch zur echten Konkurrenz Hollywoods. Die Anfänge des österreichischen Kinofilms sind vergleichsweise romantisch. 1896 lädt Herr Dupont in seinen Produktionssaal. Die Lichter im Saal gehen aus. Ein Ansager im Anzug erklärt die Filmhandlung, während der Kinematograph surrend die Bilder auf eine weiße Wand wirft. Im Hintergrund spielt ein Klavierspieler die passende Musik zum Stummfilm. Man sieht einen Meeresstrand, plantschende Kinder, die Ankunft eines Zuges und eine einstürzende Mauer. Die Vorstellung wird ein Erfolg. Kaiser Franz Joseph läßt sich zur Bemerkung: »Dieses Ding ist äußerst interessant« hinreißen. Schon 1914 gibt es in der österreichisch-ungarischen Monarchie mehr als tausend Kinos. Und diese Kinos wollen jede Woche einen neuen Film vorführen. Bald schon verfilmt man die literarischen Werke von Nestroy, Schnitzler (siehe Seite 110) und Hofmannsthal. Am liebsten aber sieht das Publikum den Wiener Film. Das süße Dienstmädel, das sich in einen Adeligen verliebt und diesen zum Schluß, nach langem Hin und Her, endlich heiratet. Der Regisseur Willi Forst ist heute noch für seine Wiener Filme bekannt, in denen der nuschelnde Hans Moser und Paula Wessely spielen. Ein anderer österreichischer Regisseur, Fritz Lang, wird mit den Filmen »Dr. Marbuse, der Spieler«, »M« und »Die Nibelungen« weltbekannt. Der berühmteste Filmkünstler heißt

Billy Wilder und dreht später »Manche mögen's heiß« mit Marilyn Monroe und Tony Curtis. Allerdings in Hollywood, denn die Nazis vertreiben die besten Filmemacher unserer Heimat, weil sie wie Billy Wilder Juden sind. Erst in der Zweiten Republik kommt der österreichische Film neuerlich zu großem Ansehen. Die Stars unter den Schauspielern heißen Peter Alexander, Gunther Philipp oder Romy Schneider. Die Regisseure Franz Antel und Axel Corti.

Strenggenommen ist es der Wiener Theodor Reich, der den Kinematographen erfindet. Schon ein Jahr bevor der Franzose Auguste Lumière und sein Bruder mit den ersten Kinovorstellungen ihre Erfolge feiern, projiziert Reich erstmals bewegliche Lichtbilder an die Wand. Da aber bei einer Filmvorstellung der Filmstreifen Feuer fängt, gibt Reich entmutigt auf. Mehr Ausdauer als Reich braucht ihr schon, wenn ihr euch einen eigenen Stummfilm basteln wollt: Malt 13 Bilder mit den Maßen 5 mal 5 cm. Diese müssen insgesamt eine ganze Bewegung darstellen. Schneidet nun aus dicken Pappkarton einen Kreis mit einem Radius von 10 cm aus. Bohrt in seine Mitte mit einem Bleistift ein Loch. Klebt die 13 Bilder an den Rand des dicken Kartonkreises. Schneidet in die Querseite einer Schuhschachtel ein Guckloch von 5 mal 5 cm. Bohrt den Bleistift samt Bildern durch die Schachtel. Durchs Guckloch könnt ihr euren Film anschauen, indem ihr am Bleistift dreht.

GERÄUSCHE AUS DEM NIRGENDW

Bundeskanzler Dr. Ignaz Seipel ist aufgeregt. Er sitzt vor der Sendeanlage im Ministerium und hält seine Rede. Wir schreiben den 1. Oktober 1924. Für rund 20000 Wiener ist dies ein besonderer Tag. Spricht doch der Bundeskanzler via Radio zu ihnen. Viele reißen die Wohnungsfenster auf, um die Radiowellen besser empfangen zu können. Es ist den meisten Menschen unbegreiflich, daß die elektromagnetischen Wellen durch Mauern und Fenster dringen. Dabei ist die drahtlose Übertragung von Geräuschen nicht neu. Schon 1897 werden die ersten Morsezeichen ganz ohne Draht übermittelt. Die Übertragung des ersten Musikstückes findet 1904 in Graz statt. Im Physikalischen Institut der Technischen Hochschule singt Ingenieur Otto Nußbaumer die steirische Landeshymne. Mit Hilfe eines von ihm geschaffenen Geräts kann man seinen Gesang in einem 20 Meter entfernten Raum hören. Zwei Jahre später erfindet der Wiener Physiker Robert von Lieben die »Verstärkerröhre«. Der Weg zum Radio ist frei. In Amerika und England werden bereits seit 1920 Musiksendungen ausgestrahlt. 1923 beginnt die Geschichte des Radios in Deutschland, und ein Jahr später sendet Österreich mit einer schrankgroßen Sendeanlage und einer kleinen Antenne aus

dem Ministerium. Schon Ende 1924 sitzen über 93000 Wiener und Niederösterreicher mit übergestülptem Kopfhörer vor ihrem Empfänger und lassen sich berieseln. Die RAVAG (Radio Verkehrs Aktiengesellschaft), wie der österreichische Rundfunk bis 1938 heißt, sendet damals zwischen drei und vier Stunden täglich. In der Regel ist es gediegene Musik, die man hören kann. Die Musiker müssen im Studio spielen. Darüber hinaus werden Märchen erzählt. Bühnenstücke im Studio gespielt. Amtliche Verlautbarungen verlesen und Wetterberichte gebracht. Wichtig dabei ist, daß das Programm nichts mit Politik und Religion zu tun haben darf. Das allerdings hat sich spätestens 1933 geändert. Unter Bundeskanzler Dollfuß und seinem Nachfolger Schuschnigg sendet man im Radio politische Aufrufe und Kundgebungen. Heute nennt sich das österreichische Radio ORF. Es ist ein staatliches Radio, das die Aufgabe hat, kulturell und politisch ausgewogen zu berichten.

Das gekonnte Interview!
Heute müssen Radiomacher vor allem Interviews mit bedeutenden Zeitgenossen führen können. Das kannst du schon lange! Befrage einen Freund, was seine Hobbys sind oder welche Meinung er zu aktuellen Geschehnissen hat. Wie du das tust, ist ganz egal. Wichtig ist nur: Wenn er entweder »ja« oder »nein«, »ich«, »schwarz« oder »weiß« sagt, hat er verloren! Danach ist er der Interviewer.

FREISPRUCH MIT FOLGEN

Nach dem Krieg herrscht Chaos in Österreich. Im Süden besetzen Truppen des Königreichs Slowenien, Serbien und Kroatien vorübergehend halb Kärnten. Im Westen bekommt Italien Südtirol – und schielt bereits nach dem heutigen Bundesland Tirol. Im Osten kommt es zu Kämpfen zwischen Ungarn, Kroaten und Österreichern. Zum Schutz unserer Heimat bilden sich deshalb überall »Heimwehren«. Im Lauf der Jahre aber wird die »Heimwehr« zusehends zur Schlägertruppe. Ihre Mitglieder raufen vor allem mit dem »Republikanischen Schutzbund«. 1923 ist der Schutzbund als Sportverein gegründet worden. Wenige Jahre später wird dieser Verein zum größten Feind der Heimwehr. Warum sich die beiden nicht ausstehen können, ist leicht erklärt. Die Heimwehr steht den Christlichsozialen nahe. Der Schutzbund gehört zu den Sozialdemokraten. Statt wie heute miteinander zu reden, prügeln die Mitglieder dieser Gruppierungen einander. Am 23. Jänner 1927 kommt es zur folgenschwersten Auseinandersetzung in der österreichischen Geschichte. In Schattendorf im Burgenland treffen sich ehemalige Soldaten aus dem Ersten Weltkrieg. Das Treffen wird von Schutzbündlern gestört. Es kommt zum Kampf. Dabei erschießen die Ex-Soldaten den Schutzbündler Matthias Csmarits und den siebenjährigen Josef Grössing. Der »Schattendorfer Prozeß« findet im Gericht in Wien statt und endet mit einer großen Überraschung. Die Täter werden am 14. Juli freigesprochen. Schutzbündler und mit ihnen die meisten Sozialdemokraten wollen das nicht hinnehmen. 5000

von ihnen marschieren tags darauf zum Justizpalast, wo sie die wahren Verantwortlichen für den Freispruch vermuten. Die Menge tobt. Zündet den Justizpalast an. Der Wiener Bürgermeister Karl Seitz schreit: »Leutln, seids gscheit! Laßts die Feuerwehr löschen!« Doch es ist zu spät. Die Demonstranten lassen die Feuerwehr nicht durch. Darauf beginnt die Polizei zu schießen. 89 Menschen sterben. Mehr als 1000 sind verletzt. Mit dem Brand des Justizpalastes brennen Millionen österreichischer Herzen. Nie wieder, so schwören damals viele, wollen sie sich mit dem politischen Gegner versöhnen. Sozialdemokraten und Christlichsoziale sind zu unerbittlichen Gegnern geworden.

Unabhängige Justiz ist wichtig. Aber auch, daß jeder seine Rechte und Pflichten kennt. Deine Rechte sind leider beschränkt:

Ab 7 Jahren kannst du mitentscheiden, welche Schule du besuchst.

Ab 10 brauchst du einen eigenen Paß. Allerdings müssen deine Eltern die Auslandsreise schriftlich erlauben. Außerdem darfst du mitreden, wenn deine Eltern deine Religion ändern wollen.

Ab 12 darfst du allein mit dem Fahrrad auf der Straße und mit dem Lift fahren. Außerdem darfst du im Auto vorne sitzen.

Ab 13 darfst du an Werktagen zwei Stunden lang arbeiten.

Ab 14 darfst du bis 22 Uhr im Kino sein, und du entscheidest allein über deine Religion. Wenn du ein Gesetz verletzt, bist du alleine verantwortlich.

Ab 16 darfst du heiraten, Mofa fahren, rauchen und bis Mitternacht ausgehen.

STREITEN SCHADET

Heftig streiten die Politiker im Parlament. Die einen wollen die Eisenbahner bestrafen, weil diese zwei Stunden lang nicht gearbeitet haben. Die anderen sind dagegen. Das Ansehen der Regierung steht auf dem Spiel. Jede Stimme zählt an diesem 4. März 1933. Da entwickelt Otto Bauer, der Führer der Sozialdemokraten, einen tollen Plan. Sein Freund, der Nationalratspräsident Karl Renner, soll von seinem Amt zurücktreten. Dann erst kann Karl Renner mitstimmen – und die Sozialdemokraten gewinnen die Abstimmung. Aber die Christlichsozialen erkennen den Plan. Ihr Nationalsratspräsident tritt ebenfalls zurück. Wieder steht es unentschieden. Auch der dritte Präsident tritt zurück. Da passiert, womit keiner gerechnet hat. Weil das Parlament keinen Präsidenten mehr hat, erklärt es Kanzler Engelbert Dollfuß für überflüssig. Künftig will er allein, ohne sozialdemokratische Abgeordnete, regieren. Unterstützt wird der 1,51 Meter kleine Christlichsoziale von der Heimwehr. Fast ein Jahr lang herrscht Ruhe in Österreich. Aber am 12. Februar 1934 hat das ein Ende: Die Heimwehr sucht im Arbeiterheim des Hotels Schiff in Linz nach Waffen. Der hitzköpfige Schutzbündler Richard Bernaschek will das nicht zulassen und

Engelbert Dollfuß

schießt auf die Polizei. Damit beginnt der Bürgerkrieg in Österreich. Christlichsoziale kämpfen gemeinsam mit dem Bundesheer gegen die Sozialdemokraten. Dabei schießen Kanonen des Bundesheeres erstmals und einzigartig in der Geschichte Österreichs auf Gemeindebauten. Das sind große Wohnhausanlagen, in denen zumeist Arbeiter leben. Insgesamt sterben fast 400 Österreicher. An die 1 000 sind verletzt. Tausende werden verhaftet. Einige auch hingerichtet. Knapp nach dem Ende des Bürgerkrieges am 15. Februar 1934 wird die Sozialdemokratie verboten. Bundeskanzler Engelbert Dollfuß aber regiert nicht lange. Im Juli 1934 versuchen die Nazis, mit Gewalt die Macht im Lande an sich zu reißen. Sie ermorden Dollfuß. Verlieren aber den Machtkampf. Unter dem neuen Bundeskanzler Kurt Schuschnigg bleibt Österreich im Streit erstarrt.

Heute hält zum Glück niemand in Österreich das Parlament für überflüssig. Denn dieses beschließt alle Gesetze. Das wichtigste dabei: Jeder Österreicher kann bestimmen, wer für ihn im Parlament mitbestimmen soll. Wenn es kein Parlament gibt, dann bestimmen Politiker. Ohne daß wir Österreicher mitreden dürfen, ob wir genau diese Politiker wollen oder nicht. Wenn es dir Spaß macht, kannst du jederzeit das Parlament in Wien besuchen. Dort kannst du zuschauen, wie die Politiker arbeiten. Im Parlament gibt es zwei große Kammern. Die eine heißt Nationalrat. Hier sitzen 183 Politiker und beschließen Gesetze. Die andere Kammer heißt Bundesrat. Hier arbeiten 65 Politiker, die das, was der Nationalrat beschließt, kurzfristig verhindern können. Gemeinsam dürfen Bundesrat und Nationalrat sogar den Bundespräsidenten absetzen.

GOTT SCHÜTZE ÖSTERREICH!

»Gott schütze Österreich!« Mit diesen dramatischen Worten beendet Bundeskanzler Kurt Schuschnigg die Rede zu seinem Rücktritt. Es ist der 11. März 1938. Der Rücktritt erfolgt nicht freiwillig. Adolf Hitler, der »Führer« des Deutschen Reiches, hat Österreich gedroht. Entweder Schuschnigg tritt zurück, oder deutsche Truppen marschieren ein, so hat's geheißen. Doch Hitler lügt. Denn obwohl Schuschnigg einem Untergebenen Adolf Hitlers weicht, überschreiten deutsche Soldaten am 12. März 1938 die Grenze. Das Datum ist kein Zufall: Die Österreicher sollten tags darauf abstimmen, ob sie zum Deutschen Reich wollen oder nicht. Und Hitler fürchtet ein Nein – und schickt prompt seine Soldaten. Österreich wehrt sich nicht, im Gegenteil. Die Zöllner heben für deutsche Panzer freundlich die Grenzbalken. Tausende Österreicher jubeln den deutschen Soldaten zu. So kann Hitler am 15. März am Wiener Heldenplatz einer freudig brüllenden Menge das Ende Österreichs verkünden. Unser Land heißt ab sofort »Ostmark« und ist Teil des Deutschen Reiches. Nun herrscht Hitler mit seinen Nationalsozialisten. Und diese Herrschaft ist schrecklich. Sofort beginnen die Nazis, wie die Abkürzung für Nationalsozialisten lautet, ihre Gegner einzusperren. Viele Österreicher fliehen in letzter Sekunde. Die Nazis, so weiß man in Europa, wollen im Krieg die Herrschaft über ganz Europa ausdehnen. Trotzdem – und vielleicht auch, weil viele von den Nazis gezwungen werden, stimmen 99,73% der Österreicher am 10. April für den »Anschluß«. Also dafür, Teil des Deutschen Reiches zu werden. Die Kirche fordert die Österreicher übrigens zu einem »Ja« für Hitler auf. Vielfach erhoffen sich die Österreicher von Adolf Hitler auch, daß er ihnen Arbeit und Wohl-

stand bringt. Anfangs sieht es auch so aus, da viele bis dahin Arbeitslose in der Rüstungsindustrie Beschäftigung finden. Bald aber schon errichten die Nazis auch in Österreich Konzentrationslager, KZs, in denen sie ihre Gegner einsperren und töten. In den folgenden Jahren werden auch Millionen Juden, Tausende Zigeuner, Geisteskranke, Behinderte und Homosexuelle dort sterben.

Den meisten Staaten dieser Erde scheint es völlig egal zu sein, daß deutsche Soldaten in Österreich einmarschieren. Sicher ist das auch deshalb so, weil die Österreicher dem jubelnd zustimmen. Nur ein Land protestiert energisch: Mexiko. Hier lernst du ein paar Brocken Spanisch, die einzige Sprache, in der gegen das Verschwinden Österreichs offiziell protestiert wurde. Damit du's leichter lernen kannst, stehen die Worte gleich so da, wie man sie ausspricht!

guten Morgen – bennos dias
gute Nacht – bennas notsches
auf Wiedersehen – adioss
ja – si
nein – no
bitte – por fabor
danke – grasjas
Entschuldigung – perdon
Wie geht's dir? – Ke tall?
Gut, danke. – Bjenn, grasjas.

DER VERKRACHTE MALER

Eigentlich will er Maler werden. Doch sein Talent reicht nicht. Die Professoren an der Akademie in Wien lehnen ihn ab. Der junge Braunauer Adolf Hitler wandert verbittert nach Deutschland aus. Dort beginnt sein kometenhafter Aufstieg in der Politik. Was er will – nämlich den totalen Krieg –, beschreibt er schon 1923 in seinem Buch »Mein Kampf«. 16 Jahre später kann er seine Pläne verwirklichen. Zuerst besetzt das »Dritte Reich« unter seiner Führung Österreich, dann das heutige Tschechien. Weder Großbritannien noch Frankreich greifen ein. Erst als Hitler am 1. September 1939 Polen überfällt, erklären sie ihm am 3. September den Krieg. Der »Zweite Weltkrieg« beginnt. Auf der einen Seite kämpfen die Achsenmächte, das sind Deutschland, Italien und Japan. Auf der anderen kämpfen die Alliierten, das sind vorerst Großbritannien und Frankreich. Das Kriegsglück ist auf seiten der Deutschen. In »Blitzkriegen« erobern sie Polen, Holland, Belgien, Norwegen, Dänemark und Frankreich. Am 21. Mai 1940 erreichen deutsche Panzer die französische Kanalküste. Über 300000 gegnerische Soldaten können nach England fliehen, weil Hitler seine Panzer schonen will. So werden bei Dünkirchen zahlrei-

Adolf Hitler

che Soldaten gerettet, die die »Alliierten« später noch gut brauchen können. 1941 ist ebenfalls ein entscheidendes Kriegsjahr. Am 22. Juni greift Deutschland die Sowjetunion an – und zieht sich damit einen weiteren starken Feind zu. Weil Japan am 7. Dezember den US-Hafen Pearl Harbor angreift, helfen die USA ab nun zu den Alliierten. Die endgültige Wende beginnt am 2. Februar 1943. In der Schlacht von Stalingrad in der Sowjetunion verliert Hitler eine ganze Armee. Ab da ist die Niederlage Hitler-Deutschlands unaufhaltsam. Für die Menschen in Deutschland und Österreich ist der Krieg am Anfang eine tolle Sache. Die meisten glauben, daß sie ihn bald gewinnen können. Je länger er dauert, desto verzweifelter wird die Lage. Fast jede Familie hat schon Angehörige verloren. Nahrungsmittel werden ab 1941/42 knapp. Und immer wieder fliegen alliierte Flugzeuge Luftangriffe. Brandbomben fallen auf Österreich. In Villach und Wiener Neustadt werden neun von zehn Häusern zerstört!

Während der Krieg tobt, führt Fred Adlmüller in Wien einen glanzvollen Modesalon. Er kleidet die obersten Nazis mit seiner berühmten Mode ein. Zu dieser Zeit sind lange, schwingende Röcke in Mode. Dazu weite Fledermausärmel und wattierte Schultern. Die Hände wärmt man sich in sogenannten »Muffs«. Auch du kannst im Winter auf die Fäustlinge verzichten. Du brauchst einen 40 cm breiten und 30 cm langen Kunstpelzstreifen. Den nähst du an den Breitseiten zusammen, und fertig ist dein Muff.

BIMBOS TORE

Die neunzigtausend Menschen im Stadion jubeln. Mitten im Zweiten Weltkrieg erleben sie sportliche Minuten, die Geschichte schreiben. Es ist der 22. Juni 1941. Rapid Wien spielt gegen Schalke 04 um die deutsche Fußballmeisterschaft. Österreich gibt es damals nicht. Unsere Heimat heißt Ostmark und gilt als Teil Deutschlands. Die deutsche Mannschaft ist anfangs überlegen. Bis zur 52. Minute des Spiels steht es 3:0. Rapid scheint chancenlos. Doch dann geht ein Ruck durch die Mannschaft. Gernhart, Wagner und Schors stürmen herrlich. Der alles überragende Mann aber heißt Franz »Bimbo« Binder. Er bereitet in der 60. Minute das erste Tor Rapids vor. Bis zur 66. Minute schießt er selbst zwei Tore. Das Spiel steht unentschieden. 3:3. Alles scheint möglich. Da pfeift der Schiedsrichter in der 80. Minute Freistoß für Rapid. Bimbo Binder tritt an. Läuft. Donnert den Ball aus spitzem Winkel unhaltbar ins Tor. Rapid gewinnt das Spiel – und damit den Meistertitel. Weil Rapid das Match in den letzten Minuten gewinnt, klatschen die Fans ab nun bei jedem Spiel von Rapid die letzte Viertelstunde ein. Noch heute sprechen Sportreporter von der »Rapidviertelstunde«. 1941 ist der Sport für viele Ablenkung vom Kriegsalltag. Tausende Familien beklagen Tote. Doch Adolf Hitler – und mit ihm ganz Deutschland und Österreich – führt den Krieg weiter. Am selben Tag, an dem das Fußballspiel stattfindet, wird Rußland überfallen. In Afrika kämpfen deutsche Soldaten unter General Erwin Rommel. Bald schon geben sie ihm wegen seiner erfinderischen Taktik den Spitznamen »Wüstenfuchs«. Am Ende des Jahres tritt eine neue Macht in den

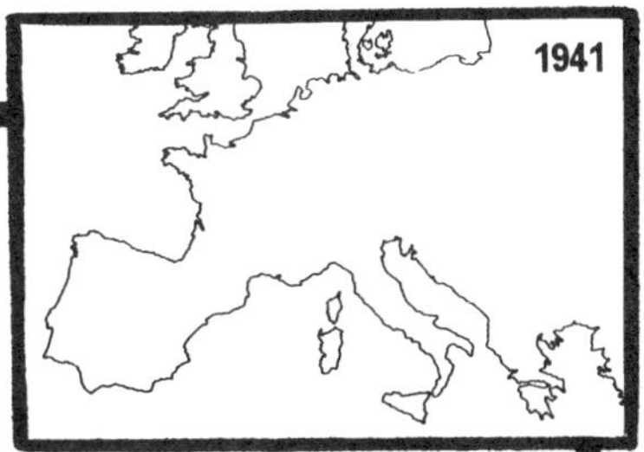

Krieg ein. Nachdem Japan, das zu Deutschland hält, die USA überfallen hat, kämpfen die Amerikaner auf seiten Englands und Rußlands gegen Deutschland. Auch nahe Österreich wird gegen Hitler-Deutschland gekämpft. Aber kaum von Österreichern. Es sind mutige Männer aus Jugoslawien, die gegen die Nazis antreten. Sie nennen sich Partisanen. In den dichten Wäldern Jugoslawiens und auch Kärntens greifen sie immer wieder deutsche Soldaten an. Die Partisanen sind dabei ähnlich brutal wie die Deutsche Wehrmacht. Die Leidtragenden stammen zumeist aus der einfachen Bevölkerung.

Im Jahr 1941 macht ein 22jähriger österreichischer Student erstmals von sich reden. Hans Hass erforscht im karibischen Meer das Leben der Haie. Durch Zufall entdeckt er dabei, daß Haie Angst haben, wenn man sie anschreit. Hans Hass wird einer der bedeutendsten österreichischen Naturforscher.
Du kannst zwar keine Haie beobachten, aber Ameisen tun's auch. Wenn deine Eltern es erlauben, nimmst du dir ein großes leeres Essiggurkenglas.
In dieses schüttest du Erde.
Danach fängst du ein paar Ameisen und gibst sie in das Glas hinein. Jetzt mußt du rasch ein Stück Nylonstrumpf auf die Öffnung des Glases legen und es mit einem Gummiringerl festmachen. Du wirst staunen, was Ameisen für tolle Gänge bauen können!

DER GELBE STERN

In Österreich leben seit jeher auch viele Menschen, die aus anderen Ländern stammen. Die einen sprechen deutsch, die anderen slowenisch, dritte vielleicht kroatisch. Auch unterschiedliche Glaubensrichtungen sind vertreten. Die einen sind katholisch, die anderen hängen dem Islam an, die dritten dem Judentum. Mit der Herrschaft der Nationalsozialisten 1938 in Österreich beginnt die Verfolgung der Anhänger des Judentums. Doch auch Behinderte, Roma, Sinti und alle anderen Österreicher, die nicht so denken wie die Nationalsozialisten, werden von ihnen verfolgt. Dieses Verhalten ist einzigartig in seiner Grausamkeit. Jüdische Gotteshäuser gehen in Flammen auf. Jüdische Beamte und Schüler werden entlassen. Wohnungen und Geschäfte werden geplündert. Österreichische Hitler-Anhänger zwingen Juden dazu, mit Zahnbürsten Straßen zu putzen. Jene Menschen, die genug Geld haben, versuchen noch rasch, Österreich zu verlassen. Darunter auch viele Berühmtheiten. Stellvertretend für viele seien genannt: die Wissenschaftler Alfred Adler, Sigmund Freud, die Schriftsteller Ödön von Horvath, Robert Musil, und Elias Canetti, die Filmregisseure Billy Wilder und Fritz Lang oder Maler wie Oskar Kokoschka. Die meisten aber müssen in Österreich bleiben – und erleiden ein grausames Schicksal. Ab 1941 müssen die Verfolgten Abzeichen tragen; die Juden zum Beispiel einen gelben Stern.

Schließlich sperren die Nazis sie in sogenannte Konzentrationslager und töten sie. Egal, ob Frauen, Männer oder Kinder: Alle werden in den Gaskammern der Konzentrationslager vergast. Das größte KZ (kurz Konzentrationslager) Österreichs heißt Mauthausen und wird am 8. August 1938 eröffnet. Über 65000 österreichische Juden werden in den KZs des Dritten Reiches umgebracht. Insgesamt finden in diesen KZs über 6 Millionen Menschen den Tod, das sind fast genausoviel, wie heute in Österreich leben. Viele unserer Landsleute wirken bei diesen schrecklichen Taten mit. Einige, die damals lebten, behaupten bis heute, daß sie gar nichts gewußt haben. Aber das ist unwahrscheinlich. Jeder konnte es wissen. Erst mit dem Ende des Krieges 1945 hört das Leid und Elend für die Menschen auf.

Noch heute werden in vielen Ländern dieser Erde Menschen wegen ihrer Hautfarbe, ihrer Religionszugehörigkeit oder ihrer Meinung verfolgt, mißhandelt oder gar getötet.
Du benötigst ein Blatt Papier und Buntstifte.
Sind deine Freunde und Freundinnen ganz genauso wie du? Oder gibt es kleine Unterschiede zwischen euch? Es muß gar nicht die Hautfarbe oder die Sprache sein. Vielleicht ist einer deiner Freunde oder eine deiner Freundinnen ein bißchen dicker, ein bißchen schneller – oder er bzw. sie mag eine andere Musik als du. Schreibe oder zeichne auf ein Blatt Papier all deine Freunde und Freundinnen mit diesen kleinen Unterschieden. Deine Freunde und Freundinnen sollten dann genau dasselbe tun. Anschließend vergleicht ihr eure Zeichnungen. Was fällt euch auf? Habt ihr dasselbe gezeichnet oder geschrieben? Redet darüber – und freut euch über eure Unterschiede. Ohne die wäre das Leben sehr langweilig!

TRÜMMER ELEND & NOT

Rührend schallen die Worte aus dem Radio. »Ich kann euch zu Weihnachten nichts geben. Keine Kerzen, keine Geschenke, kein Stück Brot. Wir haben nichts. Ich kann euch nur bitten: glaubt an dieses Österreich!« So spricht am 24. Dezember 1945 Bundeskanzler Leopold Figl. Österreich liegt ein halbes Jahr nach Kriegsende in Trümmern. Es gibt nichts zum Heizen, kaum etwas zu essen. Essen bekommt nur, wer eine Lebensmittelkarte hat, auf der draufsteht, was er bekommen darf. Noch 1946 hat jeder Österreicher Anspruch auf nur 900 Kalorien am Tag. Das ist die Menge, die du wahrscheinlich schon zum Frühstück verputzt. Wem das zu wenig ist, der muß auf dem Schwarzmarkt einkaufen. Ein Kilo Schmalz kostet dort 1000 Schilling. Ein Kilo Fleisch 600. Brot immer noch 40 Schilling – und das, obwohl die Menschen nur wenig Geld haben. Auch Strom ist knapp in Österreich. Pro Zimmer darf nur eine 25-Watt-Lampe verwendet werden. Dabei sind die Menschen schon froh, wenn sie ihre Familie oder eine Wohnung haben. Fast 400 000 Österreicher sind im Krieg gestorben. Fast 200 000 Wohnungen sind zerstört. Noch in den letzten Kriegstagen, bis zum

8. Mai 1945, kämpfen Kinder und Alte gegen die Russen und Amerikaner. Zum Glück gewinnen diese aber – und teilen sich Österreich auf. Die Russen herrschen in Niederösterreich, im Burgenland und in Oberösterreich nördlich der Donau. Die Amerikaner in Salzburg, dem steirischen Ausseer Land und dem südlichen Oberösterreich. Die Engländer in Kärnten, Osttirol und der Reststeiermark. Und die Franzosen in Tirol und Vorarlberg. Wien ist völlig aufgeteilt. Den Besatzern untersteht die österreichische Regierung, die am 27. April ihre Arbeit aufnimmt. In dieser zeigt sich, daß die Österreicher etwas aus dem Krieg gelernt haben. Anstatt wie zuvor zu streiten (siehe Seite 128), packen die Politiker unter der Führung von Karl Renner, Leopold Figl und Johann Koplenig ihre Probleme gemeinsam an. Alle Österreicher bauen gemeinsam Österreich auf.

Seit dem 8. Mai 1945 sind die Nazis in Österreich verboten. Doch letztlich zeigen die Politiker seltsame Milde. Noch 1948 beschließen sie, daß die meisten Österreicher, die Hitler kräftig unterstützt haben, als »Minderbelastete« nicht bestraft werden. Der Grund dafür ist leicht erklärt: Die Politiker hoffen, daß die Ex-Nazis sie dann wählen werden. Dieser »Freispruch« wird aber von vielen Menschen bis heute kritisiert. Das Verbot der Nazis gilt bis heute. Jeder, der die NS-Verbrechen leugnet, verharmlost, gutheißt oder zu rechtfertigen versucht, macht sich strafbar. Wenn die Person diese Meinung in einer Zeitschrift, auf Flugblättern, auf Plakaten, im Radio, im Fernsehen oder sonstwie öffentlich macht, droht ihr »schwerer Kerker«. Jeder, der das tut, wird zwischen fünf und zehn Jahren ins Gefängnis gesperrt. Wenn eine Person die Taten der Nationalsozialisten gut findet und darüber hinaus mit ihren Handlungen auch andere Menschen in Gefahr bringt, dann kann diese Person bis zu 20 Jahren ins Gefängnis kommen.

HALBSTARKE SCHLURFS

Keuchend klettert er die letzten Meter. Eisiger Sturm umweht ihn. Nichts kann mehr den 42jährigen Herbert Tichy aus Wien aufhalten. Am 19. Oktober 1954 bezwingt er ohne Sauerstoffgerät den Cho Oyu. Er ist der erste Mensch, der auf diesen 8189 Meter hohen Berg nahe dem Mount Everest klettert. So weit oben wie Herbert Tichy war bis dahin noch kein Österreicher. Auch die Fußballer bringen in diesem Jahr tolle Erfolge heim. Bei der Weltmeisterschaft in der Schweiz erreicht Österreich den dritten Platz. So erfolgreich war nicht einmal das österreichische »Wunderteam«, das von 1931 bis 1933 Schottland 5:0, Deutschland 6:0 oder Ungarn 8:2 besiegt hat. Ein neues Lebensgefühl greift um sich. Vor dem Krieg gibt es zum Beispiel keinen Kaugummi und kein Cola in Österreich. Das bringen erst die amerikanischen Besatzer nach 1945 mit. In ihrem Gepäck haben sie auch sensationelle Töne: den Rock 'n' Roll. Ab 1941 war moderne Musik in Österreich verboten. Die Nazis halten sie für übeltönendes Quieken. Aber unter den amerikanischen Soldaten darf jeder soviel Musik hören, wie er will. 1954 rockt Elvis Presley das erste Mal auf amerikanischen Tonträgern. Und schon damals ist es so wie heute: Mütter, Väter, Omas und Opas regen sich fürchterlich über die neue, laute Musik auf. Und erst recht über das Gewand, das die Jungen tragen! Die Burschen haben enge Bluejeans und Lederjacken an, fetten sich die Haare ein und fahren Moped. Manche

Mädchen tragen schon Jeans, die meisten schwingende Röcke, darunter »Petticoats«, dazu aufgebauschtes Haar. Ihre Vorbilder heißen Marilyn Monroe, Marlon Brando und Elvis Presley. Halbstarke oder Schlurfs – so nennen die Erwachsenen von damals die Jungen. Und während sich der berühmte Kabarettist Helmut Quallinger über die Jungen lustig macht, reagieren die meisten Erwachsenen ziemlich sauer. Doch die jungen Freunde oder »Cliquen« – das Wort ist damals neu – halten zusammen. Heute sind die Jugendlichen von damals übrigens rund 50 bis 60 Jahre alt. Wenn du also einen Verwandten hast, der so alt ist, dann war das sicher mal ein »Halbstarker«! Vielleicht kannst du ihn daran erinnern, wenn du das nächste Mal laut Musik hören willst.

Heute haben die Halbstarken von damals einen anderen Namen. Man nennt sie »Teds«, die Verehrer der fünfziger Jahre. Wenn du Lust auf eine Frisur wie damals hast, mußt du dir als Bursch viel Gel in die Haare schmieren und sie dir zurückkämmen. Nur über der Stirn reibst du ein paarmal schnell mit einem Kamm hin und her. Dann stehen die Haare vorn ein bißchen hoch. Als Mädchen ist es schwieriger. Du brauchst langes Haar, das du komplett aufstellen mußt. Dazu mußt du den Kamm oft von oben nach unten reiben. Man nennt das auch »toupieren«. Am besten, du fragst deine Mutter, wie das geht.

DIE GESCHENKE DER AMERIKANER

Die Stille ist zum Zerreißen gespannt. Die Menschenmenge wartet auf dem Platz vor dem Wiener Schloß Belvedere. Dann betreten Männer im schwarzen Anzug den Balkon. Allen voran Österreichs Außenminister Leopold Figl. Er hält ein dickes Buch in seinen Händen. Und dann der erlösende Ruf ins Mikrophon: »Österreich ist frei!«. Riesenjubel bricht aus. Tatsächlich haben am 15. Mai 1955 um 11 Uhr 30 Österreichs Politiker und die der vier Besatzungsmächte Frankreich, Großbritannien, Sowjetunion und USA den Staatsvertrag unterzeichnet. Der letzte Besatzungssoldat verläßt österreichischen Boden. Am 26. Oktober 1955 beschließt der Nationalrat, daß Österreich »immerwährend neutral« sein will. Das bedeutet: Wenn zwei Staaten Krieg führen, hilft Österreich zu keinem von beiden. So nach dem Motto: Wenn zwei sich streiten, hält sich der dritte raus. Das ist aber die geringste Bürde des Staatsvertrags. Österreich muß Rußland Waren im Wert von 150 Mio. Dollar sowie 10 Mio. Tonnen Erdöl liefern. Da nützt es auch nichts, daß Figl bei den Verhandlungen so manche Flasche Wein servieren läßt. Die Russen bleiben hart, denn ihr Land wird im Zweiten Weltkrieg so sehr zerstört, daß die Bevölkerung jeden Groschen bitter nötig hat. Anders die Amerikaner. Sieht

man von Pearl Harbor (Seite 134) ab, so wurde auf amerikanischem Boden nicht gekämpft. Sie sind daher viel großzügiger. Sie schenken Österreich im Lauf der Zeit Waren im Wert von 960 Mio. Dollar. Mit dieser Hilfe wird Österreich von 1945 bis 1955 wiederaufgebaut. Ohne die USA wären wir wahrscheinlich heute noch arm wie Kirchenmäuse. Daß es dir heute so gutgeht, hast du aber auch deinen Urgroßeltern zu verdanken. Der Fleiß der Österreicher bringt uns damals viele Freunde. Als dann auch noch am 15. Oktober 1955 das Burgtheater mit dem Grillparzer-Stück »König Ottokars Glück und Ende« (siehe Seite 90) und am 5. November die Staatsoper mit Beethovens Oper »Fidelio« wieder eröffnet werden, sind alle Zweifel endgültig vergessen. Alle glauben, daß dieses Österreich selbständig leben kann. Die Zweite Republik ist voll anerkannt.

Das Nationalgericht aus der Trümmerzeit heißt »saure Hunde«. Da man in der Regel kein Fett zur Verfügung hat, tropft man Kerzenwachs in die Pfanne. Du allerdings solltest lieber ein bißchen Öl verwenden. Zunächst schälst du ein halbes Kilo Erdäpfel, halbierst sie und legst sie in die Pfanne. Schütte etwas Wasser dazu und koche sie halbweich. Die Erdäpfel bestaubst du mit Mehl, gießt noch ein bißchen Wasser und einen Schuß Essig dazu. Fertig ist das Essen, das in der Nachkriegszeit mehrmals in der Woche auf dem Tisch der Österreicher steht. Ist dir dieses Essen zu fade, kannst du es mit etwas Salz, Petersilie, Kümmel und Majoran verbessern. Die Menschen der Nachkriegszeit können das kaum tun. Denn Gewürze sind nur im Schwarzhandel um teures Geld zu kaufen.

Gold für Österreich

Weiß glitzern die Kleider. Schwarz glänzen die Anzüge. Zahlreiche Paare wiegen sich im Walzerschritt. Österreich feiert ein rauschendes Fest. Der erste Opernball seit dem Krieg wird in den Abendstunden des 9. Februar 1956 eröffnet. Die Gespräche der Ballbesucher drehen sich vorwiegend um einen Tiroler. Toni Sailer hat in den Tagen zuvor alle drei olympischen Goldmedaillen im Schifahren gewonnen. Dieser Erfolg gelingt erstmals in der Geschichte des Schisports. Im selben Jahr noch hätte sich ganz Österreich eine Goldmedaille verdient. Eine Goldmedaille für Menschlichkeit. Obwohl die Österreicher viel ärmer sind als heute, helfen sie klaglos Hunderttausenden von Flüchtlingen. Denn am 23. Oktober 1956 wehren sich die Menschen in unserem Nachbarland Ungarn gegen sowjetische Soldaten. Die Sowjets schicken Panzer zur Verstärkung. Schießen die Ungarn nieder. Da ergreifen über 200 000 die Flucht. Fliehen ins nahe Österreich. Und eine beispiellose Welle der Hilfsbereitschaft beginnt. Die Flüchtlinge kommen genauso wie heute ohne Visum, meist nur mit einem kleinen Koffer, ohne Geld. Die Burgenländer geben ihnen Essen und warme Sachen zum Anziehen. Hier in Österreich sollen sich die ungarischen Flüchtlinge sicher fühlen können. Da hilft es, daß seit dem 29. Mai erstmals über 26 000 junge Österreicher zum Bundesheer gekommen sind. Auch die am 29. September eröffnete Südbahn erleichtert das Reisen der ungarischen Flüchtlinge nach Wien. Insgesamt 152 218 Ungarn leben seit damals in Österreich. Und im Gegensatz zu heute, wo sich viele schon aufregen, wenn nur ein armer Flüchtling aus dem Ausland nach Österreich kommt, sind die Österreicher stolz und glücklich über ihre Hilfe.

Am 13. Juni 1956 übernimmt der Salzburger Dirigent Herbert von Karajan die Leitung der Wiener Staatsoper. Er

ist der erste, der Opernstars für nur einen Abend nach Wien holt. Und er beginnt auch, Opern in der Sprache aufzuführen, in der sie geschrieben worden sind. Das ist damals eine Sensation! Heute ist es ganz normal, wenn ein berühmter Opernsänger nur einen Abend lang singt. Einer der berühmtesten von ihnen ist der Italiener Luciano Pavarotti. Wie fast alle Opernsänger ist er ziemlich dick. Kein Wunder: seine Lieblingsspeise sind Spaghetti!

Zuerst schneidest du eine Zwiebel klein und wirfst sie in eine heiße Pfanne. Wenn die Zwiebel braun ist, tust du ein halbes Kilo Faschiertes hinzu. Wenn auch das braun ist, folgen – je nach Gusto – kleingeschnittene Karotten und Schwammerln, auf jeden Fall aber fünf Paradeiser und ein halbes Häferl Leitungswasser. Reib einen Suppenwürfel und einen Teelöffel voll Basilikum hinzu und rühr ein paarmal gut um. Dann leg den Deckel auf die Pfanne und dreh die Herdplatte ab. Nach zehn Minuten ist die Sauce fertig. Die Nudeln zu kochen ist noch leichter. Nachdem du die Zwiebeln für die Sauce in die Pfanne gegeben hast, füllst du einen Topf halbvoll mit Wasser und salzt das Ganze. Dann den Deckel drauf und warten bis es blubbert! Ins blubbernde Wasser die Nudeln hinein – und nach ca. acht Minuten sind sie fertig. »Al dente« würde ein Italiener dazu sagen.

STREIT UM SÜDTIROL

Verzweifelt versucht Anna ihre Freundin anzurufen. Immer wieder wählt sie die Nummer. Drückt das Schnapperl beim Telefon. Allein, die Leitung bleibt tot. Das hat Anna deutschsprachigen Südtirolern zu verdanken. In der Nacht vom 11. auf den 12. Juni 1961 sprengen sie gleich 19 Telefon- und Strommaste in Südtirol. Diese Terroristen (das Wort bedeutet sinngemäß: die, die Schrecken verbreiten wollen) möchten, daß Südtirol ein eigenes kleines Land wird. Oder wieder zu Österreich gehört. Denn seit dem Ersten Weltkrieg gehört Südtirol zu Italien. Und die Italiener bevorzugen in Südtirol die italienischsprachige Bevölkerung. Obwohl die meisten Einwohner deutsch sprechen, darf auf Ämtern und in den meisten Schulen nur italienisch gesprochen werden. Die österreichische Regierung sieht dem Treiben der Terroristen lange zu. Vielleicht, weil manchen Politikern in Österreich insgeheim fast jedes Mittel recht ist, das den (deutschen) Südtirolern nutzt. Weltweit löst das Verhalten Österreichs Befremden aus. Erst als Italien Österreich verbietet, Mitglied der EWG – so heißt die EU (siehe Seite 174) damals – zu werden, gehen die Verhandlungen zwischen Italien und Österreich rasch weiter. Noch rascher verlaufen sie, als der Streit in Südtirol schärfer wird. Das geschieht am 25. Juni 1967 auf dem Südtiroler Vellonpaß. Durch eine Tretmine sterben vier Italiener. Darauhin rücken österreichische Soldaten aus, um die Grenze zu Südtirol zu sichern. Österreich will verhindern,

daß weiter Terroristen aus Tirol nach Südtirol gelangen. Im Juni 1969 kommt es dann endlich zu einem friedlichen Verhandlungsergebnis. Die Südtiroler dürfen nun weitgehend selbst bestimmen, was in Südtirol passiert. Es gibt genügend deutschsprachige Schulen. Auf Ämtern und vor Gericht wird neben italienisch deutsch gesprochen. Die Menschen vertragen sich wieder in Südtirol. Das macht Südtirol zum reichsten Teil Italiens. Den Terroristen von früher nutzt das allerdings wenig. Die meisten von ihnen dürfen zur Strafe nicht mehr in Italien einreisen.

1961 ergibt sich auch ein lustiges Ergebnis österreichischer Politik. Im Juni 1960 geht der österreichische Nationalratspräsident Leopold Figl mit dem russischen Ministerpräsidenten Nikita Chruschtschow eine Wette ein. Chruschtschow behauptet, daß russischer Kukuruz besser ist als österreichischer. Er schickt ein paar Säcke voll davon nach Wien. Wenn auf den Feldern mit russischem Kukuruz 1961 mehr wächst als auf denen mit österreichischem, hat Chruschtschow gewonnen. Aber es kommt anders. Der österreichische Kukuruz gedeiht besser. Und Leopold Figl darf sich über den Wettgewinn freuen: ein russisches Schwein.
Mit Kukuruz kannst du Popkorn machen! Erhitze ein wenig Öl in einer Pfanne. Streue eine Handvoll getrockneter Kukuruzkörner hinein. Lege sofort den Deckel auf die Pfanne! Nach kurzer Zeit ist dein Popkorn fertig.

DIE GOLDENE CHRISTL

Als Bundespräsident Adolf Schärf am 29. Jänner 1964 im Innsbrucker Bergisel-Stadion die Olympischen Winterspiele eröffnet, sind die Schipisten zum Teil noch grün. Es mangelt bei diesem ersten sportlichen Großereignis in Österreich an Schnee. Tausende Helfer müssen erst 25 000 Tonnen Schnee aus den umliegenden Hochtälern herankarren. Die Mühe lohnt sich. Österreich belegt mit vier Gold-, 5 Silber- und 3 Bronzemedaillen den zweiten Platz in der Nationenwertung. Christl Haas gewinnt den Abfahrtslauf vor zwei weiteren Österreicherinnen. Bei den Herren siegt Egon Zimmermann. Pepi Stiegler macht im Slalom das Rennen. Und das Duo Feistmantl/Stengl holt sich beim Rodeln die goldene Medaille. Gefeiert werden die Schistars von rund einer Million Menschen. Die Tiroler freuen sich ob der vollen Geldbeutel. Denn nie zuvor in der Geschichte sind so viele Zuschauer zu Olympischen Spielen gepilgert wie in den 12 Tagen von Innsbruck. Weil die Olympiade so erfolgreich war, darf Innsbruck sie 1976 gleich noch einmal durchführen. Und wieder ist Österreich erfolgreich. Franz Klammer holt sich Gold in der Abfahrt, Karl Schnabl und Toni Innauer gewinnen Gold und Silber beim Schispringen. Dramatisch wird's 1976 um einen anderen Österreicher: Formel-1-Pilot Niki Lauda verunglückt am Nürburgring schwer. Nach Jochen Rindt 1970 müssen die Österreicher wieder befürchten, daß ihnen ein Formel-1-Weltmeister stirbt. Doch Lauda überlebt, wird sogar noch einmal

Champion. Bis heute aber sind die Folgen des Unfalls erkennbar. Österreichs Sportler sorgen aber nicht nur für Dramatik, sondern auch für Skandale. Wie zum Beispiel 1972 bei den Olympischen Spielen in Sapporo. Weil der österreichische Schistar Karl Schranz für Werbung Geld bekommt, darf er als einziger nicht starten. Trotzdem feiern ihn die Österreicher. Tausende jubeln ihm am Wiener Heldenplatz zu, als er frühzeitig nach Österreich zurückkehrt.

Jubeln kannst auch du – als Gewinner dieses Spiels: Du legst zwei Würfel in einen Becher und würfelst. Zeig das Ergebnis deinen Mitspielern nicht. Die Reihenfolge der Ergebnisse lautet: 3-1 ist das niedrigste, dann 3-2, 4-1, 4-2, 4-3, 5-1, 5-2, 5-3, 5-4, 6-1, 6-2, 6-3, 6-4, 6-5, 1-1, 2-2, 3-3, 4-4, 5-5, 6-6, 2-1. Du sagst jetzt deutlich, was du gewürfelt hast. Dabei darfst du auch schummeln. Dein rechter Nachbar kann dir jetzt glauben oder nicht. Glaubt er dir nicht, schaut er dein Wurfergebnis an. Hast du geschummelt, bekommst du einen Schlechtpunkt. Hast du recht gehabt, bekommt er einen einen Schlechtpunkt. Auf jeden Fall fängt jetzt eine neue Runde an. Glaubt dein Nachbar dir aber, nimmt er den Becher und die Würfel – und muß ein höheres Ergebnis zusammenbringen als du gesagt hast. Zumindest muß er ein höheres Ergebnis behaupten. Jetzt ist der nächste an der Reihe – und kann deinem Nachbarn glauben oder nicht. Und so weiter. Wer zuerst 10 Schlechtpunkte hat, muß zehn Liegestütze machen.

DIE BLUMENKINDER

»Ho-Ho-Ho Chi Minh.« Mit diesem Ausruf setzen 40 jugendliche Demonstranten in geblumten Trichterhosen die ganze Staatsoper in Panik. Den Opernsängern auf der Bühne versagt die Stimme. Das Publikum kocht vor Wut. In der ehemaligen Kaiserloge rümpft ein echter Kaiser seine Nase, der Kaiser von Persien. Sein Name ist Schah Reza Pahlewi. Mit ihm haben die 40 Studenten noch ein Hühnchen zu rupfen. Denn während er bequem im roten Brokatsessel den Opernklängen lauscht, sterben in seinem Land, das heute Iran heißt, Hunderte Menschen an Hunger. Und das, so meinen die Demonstranten, ist unmenschlich. Deshalb verlangen sie schreiend den Abbruch der Oper. Warum sie gerade »Ho Chi Minh« rufen, ist leicht erklärt. Ho Chi Minh ist ein Mann, der sich für die Freiheit seiner Heimat Vietnam gegen die Amerikaner einsetzt, die dort 1963 landen und einen grausamen Krieg führen. Die Aktion vom 20. Jänner 1969 in der Wiener Staatsoper ist aber nur eine von vielen, in denen Studenten ihrem Zorn über die reichen, mächtigen Leute Luft machen. 1967 etwa demonstrieren 3000 Studenten vor dem Wiener Parlament für mehr Rechte an den Universitäten. Und sie wollen für alle Jugendlichen und Kinder die antiautoritäre Erziehung. Das heißt, Kinder – und nicht Eltern oder Lehrer – bestimmen, was sie dürfen. In Wien entsteht die freie WUK-Schule. Dort entscheiden seither die Schüler, was sie lernen. Die Studenten lehnen die Bürger mit ihren teuren Klamotten und ihren großen Autos ab. Im Gegensatz zu ihnen wollen die Studenten ohne Konsumzwänge leben und rich-

tig fühlen. »Make love, not war« (mach Liebe, nicht Krieg) ist eine ihrer Forderungen. Wie das freie Leben ausschauen kann, davon liefern sie den empörten Bürgern am 7. Juni 1968 ein Bild. In der Wiener Universität ziehen sich einige Künstler aus und tanzen auf dem Tisch, der normalerweise für Professoren bereitsteht. Diese Künstler nennen sich »Wiener Aktionisten«. Dazu zählen Günter Brus und Hermann Nitsch. Doch das ist nicht der einzige Schlag gegen die bürgerliche Moral. Ein weiterer folgt von der ÖVP-Regierung. Diese erhöht die Steuern. Ein Fehler. 1970 gewinnt die SPÖ die Wahlen. Das ist der Beginn der SPÖ-Alleinregierung, die ingesamt 13 Jahre dauern soll.

Auf der Straße zeigen sich die jungen Rebellen in kunterbunten, vorwiegend blumigen Hosen und enganliegenden Hemden mit übergroßem Kragen. Die Frauen tragen hohe Plateauschuhe, schminken sich mit einem schwarzen Lidstrich und kleben auf ihre echten lange, unechte Wimpern. Die Haartracht der Stunde, egal ob Frau oder Mann, ist lang. Man nennt sie die »Blumenkinder« oder »Hippies«. Arnulf Rainer, der auch zu den Wiener Aktionisten zählt, ist damit bekannt geworden, daß er Plakate übermalt hat. Dasselbe hat er auch mit Fotografien von sich selbst gemacht. Heute hängen seine Übermalungen in Museen. Versuche das auch mal. Nimm ein paar Fotos oder eine Zeichnung von dir und übermale sie mit bunten Farben. Wenn du die Farben bewußt einsetzt, schaut das sicher witzig aus.

FLIMMERN IN ROT WEISS ROT

Tausende Österreicher sitzen am 1. Jänner 1969 gespannt vor der Flimmerkiste. Die Silvesterfeierlichkeiten sind zu Ende, und man entspannt sich beim Neujahrskonzert der Wiener Philharmoniker. Die Darbietungen der Musiker sind aber nicht bloß ein Genuß für die Ohren, sondern auch für die Augen. Denn erstmals in der Geschichte des Österreichischen Fernsehens sind die Bilder bunt. Die Bevölkerung ist begeistert. Das Geschäft mit dem Farbfernsehgerät blüht. Der gewöhnliche Empfangsapparat hat ausgedient. Im Vergleich zu Deutschland, das bereits 1938 einen regelmäßigen Fernseh-Rundfunkdienst betreibt, hat Österreich erst spät das Fernsehen entdeckt. Knapp drei Monate nach der Unterzeichnung des Staatsvertrages wird am 1. August 1955 die erste Fernsehsendung in Schwarzweiß ausgestrahlt. Ganze 500 Empfangsgeräte stehen landesweit zur Verfügung. Meist sind diese Geräte in Gaststätten oder in den Auslagen der Radiohändler zu finden. Das Programm dauert bloß eine Stunde. Erst ein halbes Jahr später kann man sechsmal die Woche jeweils für einige Stunden vor der Glotze sitzen. Seit damals hat sich viel verändert. Heute läuft das Fernsehprogramm rund um die Uhr. Mit Hilfe von Satelliten und moderner Kabeltechnik kann man ausländische Fernsehprogramme empfangen. Das große Angebot führt dazu, daß Kinder täglich rund drei Stunden fernsehen. Zuviel, wie Wissenschaftler meinen. So lange fernzusehen ist ungesund.

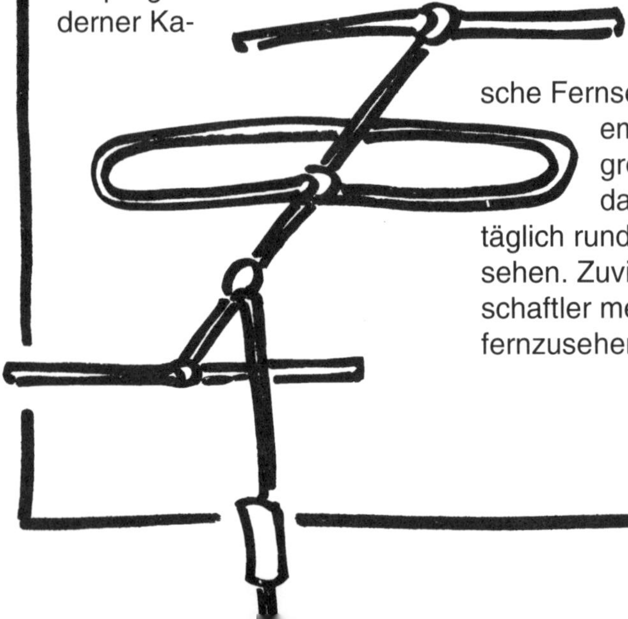

Mit diesem Test kannst du herausfinden, ob du mit dem Fernsehen gut umgehen kannst. Beantworte die folgenden Fragen. Zähle die Punkte, die in Klammer stehen, zusammen. Danach schaust du nicht in die Glotze, sondern auf die Testauswertung weiter unten.

1. *Schaust du täglich fern? Ja (2) Nein (1)*
2. *Schaust du dir nur ganz bestimmte Sendungen an? Ja (1) Nein (2)*
3. *Schaust du täglich länger als eine Stunde fern? Ja (3) Nein (1)*
4. *Schaust du eher Sendungen an, in denen du etwas Neues erfahren kannst (zum Beispiel Tierfilme)? Ja (1) Nein (2)*
5. *Hast du nach dem Fernsehen manchmal Angst? Ja (3) Nein (1)*
6. *Schaust du allein fern? Ja (2) Nein (1)*
7. *Redest du über die Sendung, die du gerade gesehen hast? Ja (1) Nein (2)*
8. *Verbieten dir deine Eltern öfter das Fernsehen? Ja (2) Nein (1)*
9. *Schauen deine Eltern und älteren Geschwister viel fern? Ja (2) Nein (1)*
10. *Spielst du manchmal mit deinen Eltern oder Freunden, anstatt fernzusehen? Ja (1) Nein (3)*

Testauswertung:

18 Punkte und mehr: Du bist ein TV-Freak. Du solltest ein bißchen seltener in die Glotze gucken. 13 bis 17 Punkte: Du bist ein TV-Fan. Dein Fernsehkonsum ist o.k. 12 Punkte und weniger: Du bist ein TV-Genie. Besser als du geht niemand mit dem Fernsehen um.

INSEL DER SELIGEN

Leise brabbelt der alte Mann ins Mikrophon. Plötzlich hebt er die Stimme. Spricht deutlich die Worte, die noch zu seinen Lebzeiten berühmt werden. »Ich bin der Meinung...« Bundeskanzler Bruno Kreisky ist ein politisches Genie. Immer, wenn der Reporter ihn etwas Unangenehmes fragt, spricht er leise. Dann versteht ihn keiner. Redet er von angenehmen Sachen, tönt er laut. Der »Sonnenkönig«, wie ihn die Österreicher nennen, regiert 13 Jahre lang in Österreich. So lange, wie kein Bundeskanzler vor oder nach ihm. Als er 1970 an die Macht kommt, beginnt Bruno Kreisky ein eifriges Reformwerk. Österreich ist in den Augen vieler ein verzopfter, altmodischer Staat. Kreisky will das ändern. Zuerst löst er sein Wahlversprechen ein: Ab nun müssen junge Österreicher nur noch sechs Monate zum Bundesheer! Heute sind es wieder acht Monate. 1974 führt Kreisky auch den Zivildienst ein. Wer sich nicht zum Soldaten ausbilden lassen will, muß ab da nicht mehr zum Bundesheer. Auch in der Schule tut sich einiges. Ab sofort kann jeder ins Gymnasium gehen, ohne eine Aufnahmeprüfung machen zu müssen. Außerdem werden erstmals viele Freigegenstände eingeführt. Die Schule, so will es der Bundeskanzler, soll kein Ort sein, in dem Kinder unterdrückt werden. Schule soll Spaß machen. Nicht nur Latein und Griechisch, auch Basteln und Malen sind wichtig. Fragt einmal eure Großeltern, wie Schule noch bei ihnen

Bruno Kreisky

war! Sicher um einiges fader und strenger als heute. Und das will was heißen. Auch die Schulbücher sind ab 1972 für die Schüler gratis. Das bewirkt, daß endlich auch Kinder armer Eltern ins Gymnasium gehen können, um eine bessere Ausbildung für später zu erhalten. Und ab September 1972 ist der Besuch der Unis kostenlos. Bis dahin sind nur Kinder eher wohlhabender Eltern Akademiker geworden. Den Doktortitel in Medizin, Rechtslehre und anderen Fächern zu erlangen war teuer. Unter Kreisky ändert sich auch das – und prompt studieren gleich 10 000 Österreicher mehr! Da verdient sich Österreich seinen neuen Spitznamen. Er wird während des ersten Besuchs eines österreichischen Bundespräsidenten beim Papst geboren. Papst Paul VI. erklärt dem verblüfften Franz Jonas am 18. November 1971 lächelnd: »Österreich ist doch eine Insel der Seligen!« Die Schulbücher müssen zum Teil zwar wieder bezahlt werden, der Spitzname ist unserer Heimat aber trotzdem geblieben.

Leider geht's auch in einer modernen Schule nicht immer so lustig zu wie bei folgender Spielidee: Du brauchst mehrere Mitspieler. Einer stellt sich in die Mitte, die anderen bilden einen Kreis. Der in der Mitte muß nun alles versuchen, um irgendeinen anderen Spieler zum Lachen zu bringen. Grimassen schneiden, Witze erzählen, egal was. Wer zuerst lacht, ist der nächste, der in die Mitte muß!

DER ORTSTAFELKRIEG

Die Täter kommen heimlich, still und leise. Sie montieren am 4. Oktober 1972 eine Ortstafel in Kärnten ab. Der Grund dafür: Auf der Ortstafel stehen zwei Ortsnamen. Einmal der deutsche und darunter der slowenische. Und das hat gute Gründe. In Kärnten leben seit alters her sehr viele Slowenen. Klagenfurt war früher eine rein slowenische Stadt und hat Celovec geheißen. In insgesamt 205 Orten Kärntens spricht sogar jeder fünfte Bewohner slowenisch. Da ist es kein Wunder, daß das auch auf Ortstafeln deutlich wird. Aber einige unverbesserliche Kärntner glauben, daß in Österreich nur deutsch geschriebene Ortstafeln stehen sollen. Der »Ortstafelkrieg« beginnt. Die geschichtlichen Ursprünge liegen freilich viel länger zurück. Wie du auf den Seiten vorher gelesen hast, besteht die Monarchie Österreich-Ungarn aus vielen verschiedenen Völkern. Da ist es nichts Besonderes, daß in Kärnten neben vielen Deutschsprachigen auch viele Slowenen wohnen. Als nach dem Ersten Weltkrieg die Monarchie zerfällt (siehe Seite 122), besetzen jugoslawische Soldaten den Süden Kärntens. Sie kämpfen dabei gegen deutschsprachige Heimwehren. Am 10. Oktober 1920 schweigen endlich die Waffen. Das Volk wird befragt. Es entscheidet sich dafür, daß Kärnten bei Österreich bleibt. Übrigens wol-

len das auch die meisten Slowenen. Denn für sie ist Österreich ihre Heimat. Dann herrscht viele Jahre Ruhe und Frieden in Kärnten. Erst unter den Nazis fängt der Streit von neuem an (siehe Seite 136). Viele deutschsprachige Österreicher kämpfen auf seiten der Nazis, die meisten Slowenen auf seiten ihrer Gegner, der Partisanen. Dabei fließt viel Blut. Als nach dem Ende des Zweiten Weltkriegs erneut Ruhe einkehrt, wollen viele den Streit nicht vergessen. Sie treffen sich zumeist auf Bergen oder Anhöhen und feiern, daß sie den jeweils anderen Schaden zugefügt haben. Der Ortstafelkrieg beschäftigt Österreich dann bis zum 9. Juni 1976. Da fällt der Beschluß, noch einmal deutlich festzustellen, wo wie viele Slowenen in Kärnten wohnen. Und ihnen endlich das wohlverdiente Recht auf ihre eigene Sprache und Kultur einzuräumen.

Laut Staatsvertrag (siehe Seite 144) ist Österreich verpflichtet, seine Minderheiten zu schützen. Minderheiten, das sind alle jene Menschen, die in Österreich leben, aber nicht deutsch als Muttersprache sprechen. Das sind die Slowenen in Kärnten, die Kroaten im Burgenland, die Ungarn, die Tschechen, die Slowaken, die Roma und Sinti.
Hier kannst du ein paar Brocken Slowenisch lernen. Damit das leichter geht, stehen die Worte hier so, wie man sie spricht, und nicht so, wie man sie schreibt.
Guten Tag. Mein Name ist Igor. Meine Großmutter lebt in Eisenkappel. Sie spricht Slowenisch und Deutsch. Ich habe sie sehr lieb.
Dobr dan. Moj ime je igor. Moja babica schiwih u schelesni kapli. Ona goworih slowensko in nemschko. Imam jo selo rad.

SCHWARZES GOLD

Menschenschlangen bilden sich vor den Tankstellen. Mit einem Kanister in der Hand wollen Tausende Österreicher Benzin kaufen. Die meisten Tankstellen verkaufen aber ihren Kunden nur noch 20 Liter Treibstoff. Seit November 1973 sind Benzin und Öl Mangelware in Österreich. Jene Länder, die Erdöl fördern, wollen Österreich nur mehr wenig davon liefern. Benzin wird teuer in Österreich. Erdöl verdient seinen Spitznamen »schwarzes Gold«. Hat man bisher zwei, drei Schilling für den Liter Benzin gezahlt, steigt der Preis nun schnell aufs Doppelte. So tritt am 14. Jänner 1974 ein neues Gesetz in Kraft. Jeder Österreicher muß an einem Tag in der Woche auf sein Auto verzichten. Welcher Tag es ist, das kann man sich aussuchen. Aber man muß ein entsprechendes Pickerl aufs Auto kleben, damit jeder gleich sehen kann, wann er nicht fahren darf. Auf den Autobahnen gilt ab 1. Mai 1974 Tempo 130 als Grenze. Diese Beschränkung gibt es noch heute. Nicht ganz so lange haben es die 1974 beliebtesten Musiker aus Österreich miteinander ausgehalten. Waterloo & Robinson stürmen mit ihrem Song »Hollywood« die Hitparade. Der jahrelang größte Hit des »Austropop« aber wird schon 1971 geschmettert. Wolfgang Ambros, heute Rock-Opa der österreichischen Musikszene, singt »Da Hofa woar's«. Wolfgang Ambros tritt eine richtige Lawine von Hits aus Österreich los. Wilfried

Falco

singt »Ziwui Ziwui«. Georg Danzer macht sich in »Jö, schau« über sein Stammcafè lustig. Die nächste Generation der Austropopper reift in den 80er Jahren heran. Reinhard Fendrich wird 1981 mit seiner »Strada del Sole« berühmt. Der weltweit erfolgreichste Song aus Österreich stammt von Hans Hölzel. Weil aber »Falco« viel cooler klingt, kennt ihn die ganze Welt unter diesem Namen. Sein Hit: »Rock me, Amadeus«.

Im Rock und Pop ist das Schlagzeug nicht wegzudenken. Kein heißer Rhythmus ohne Trommel! Bastle dir am besten selbst eine Bongotrommel. Dazu besorgst du dir zuerst eine »Schweinsblase« beim Fleischhauer, eine Kokosnuß und eine dicke Schnur. Von der Nuß brauchst du für die Trommel nur eine saubere leere Hälfte der Schale. Nun nimmst du die Schweinsblase und stichst ca. 2 cm vom Rand entfernt Löcher hinein. Gib die Schweinsblase so lange in lauwarmes Wasser, bis sie durch und durch naß ist. Dann legst du sie über die Öffnung der Kokosnußschale. Ziehe die Schnur durch die Löcher in der Schweinsblase und knote sie fest zusammen. Wenn die Schweinsblase trocken ist, spannt sie sich über der Kokosnußschale, und du kannst anfangen zu trommeln.

DIE KÜNSTLER AUF DEM SCHLACHTHOF

Zwei Männer in Jeans klettern über die Hausfassade. Unter ihrem Arm halten sie eine dicke schwarze Rolle. Am Dach angekommen, entrollen sie das riesige Plakat und nageln es an den Dachziegeln fest. Das, was das wartende Publikum in großen Buchstaben lesen kann, ist das Wort BESETZT.
Die Jugendlichen johlen. Die erste Schlacht um den Wiener Schlachthof ist geschlagen. Dieses Gebäude werden die Besetzer nicht so schnell wieder verlassen, davon sind sie überzeugt. Das riesige Industriegelände aus den frühen zwanziger Jahren mit den Häusern, Hallen, Höfen und Wiesen, diese kleine Stadt soll es in wenigen Wochen nicht mehr geben.
Das will die Gemeinde Wien. Und dagegen will sich eine anfänglich kleine Gruppe junger Leute wehren. Am 27. Juni 1976 wird das Haus besetzt. Es entsteht die sogenannte »Arena-Bewegung«. 101 Tage dauert die Besetzung. Ein kulturelles Fest, das Wien noch nie erlebt hat. Alle österreichischen Künstler von Rang und Namen kommen angereist.
Sie machen Musik, bemalen die Wände und spielen Theater. Über 180000 Besucher kommen, um dabeizusein. Einige schlagen sogar ihre Zelte auf und bleiben längere Zeit. Gesorgt ist jedenfalls für alles. Wer kleine Kinder hat, geht ins Kinderhaus. Die Frauen treffen sich im Frauenhaus. Essen gibt es in der Großküche, und wer einen kleinen Braunen trinken möchte, der ist im »Café Schweinestall« am richtigen Ort.
Die jungen, künstlerisch begabten Leute aber haben nur die erste Schlacht gewonnen. Fast vier Monate leben sie ihr Leben, so wie sie es wünschen. Der Sieg geht auf das Konto der Gemeindeväter. Am 11. Oktober 1976 muß der letzte »Besetzer« das Gelände verlassen. Schon einen Tag später kommen die Baggerfahrer und schleifen den gesamten Schlachthof. Heute steht am Rande der Simmeringer Heide ein großes Modehandelszentrum.

Noch im Verlauf der achtziger Jahre kommt es immer wieder zu Besetzungen von leerstehenden Fabriken und Häusern. Berühmt werden die Hausbesetzungen in der Ägidigasse und der Spalovskygasse. Bis zur endgültigen Räumung dieser beiden Häuser durch die Polizei leben die Jugendlichen dort wie in einem eigenen Staat. Sie geben eine Zeitung heraus, kochen selbst und sind künstlerisch tätig. Jeder hat die gleichen Rechte und die gleichen Pflichten. Sie setzen sich für arme Menschen, Ausländer aber auch für die Natur ein und lehnen die Neonazis(siehe Seite 172) und die Skinheads ab. Trägt die alte Arena-Bewegung verschlissene Jeans oder Glockenhosen, so tragen die späteren Hausbesetzer die Mode der Punks. Sie nennen sich Autonome (Unabhängige), kleiden sich in schwarze Kunstlederjacken, schmücken sich mit Ketten und gehen in klobigen Schuhen. Das Haar ist total verschnitten, strubbelig oder toupiert. Und noch etwas: Jeder echte Punk hat schwarz oder grell gefärbtes Haar. Wenn auch du deine Haarfarbe verändern möchtest, dann kannst du das mit Ostereierfarben versuchen. Der Vorteil dabei: Sollte dir die Farbe nicht gefallen, so genügt eine Haarwäsche, und die Farbe ist wieder weg.

EIN SCHILLING FÜR DEN STAAT

Mit gezählten 17 Hektar ist die UNO-City der kleinste Staat der Welt. Der höchste Turm in diesem Staat aber hat für österreichische Verhältnisse beachtliche Höhe. 120 Meter mißt er und kann in diesem Punkt mit dem Wiener Stephansdom und dem Donauturm konkurrieren. Bereits 1973 wird mit dem Bau der Wiener UNO-City begonnen. 1979 ist es dann soweit. Der 5,6-Milliarden-Schilling-Bau ist fertig. Mit einem Betrag von einem Schilling erwerben die Vereinten Nationen den gesamten Staat. Der Schilling wird übrigens vom UN-Generalsekretär Kurt Waldheim an Finanzminister Hannes Androsch übergeben. Neben New York und Genf ist Wien somit die dritte Stadt, in der die UNO (United Nations Organization) einen eigenen Staat besitzt. 3500 UNO-Beamte ziehen in diesen Staat ein und arbeiten gemeinsam für den Weltfrieden. Die Arbeit der UNO wird seit ihrer Gründung 1945 zusehends wichtiger. Damals sind nur 50 Staaten Mitglied. Heute sind es 184 Staaten. Österreich ist übrigens seit 1955 dabei. Die Amtssprachen im »Vienna International Centre«, wie die UNO-City offiziell heißt, sind Englisch, Französisch, Chinesisch, Arabisch, Russisch und Spanisch. Deutsch wird hier nicht gesprochen. Ein paar Monate nach der Eröffnung der UNO-City erleichtert eine Neuheit den UNO-Beamten ihren Weg zur Arbeit. Die erste U-Bahn in Österreich wird vom Wiener Bürgermeister Leopold Gratz eröffnet.

Lern die Amtssprachen der UNO!
»Guten Tag. Ich heiße Miriam. Ich bin Österreicherin. Schön, dich kennenzulernen.« Diese Sätze findest du hier in allen UNO-Amtssprachen. Damit du auch weißt, wie man sie ausspricht, stehen sie hier nicht so, wie man sie schreibt, sondern so, wie sie klingen.

1979
ENGLISCH: Gud morning. Mai neim is Miriam. Ai em from Ostria. Nais tu miit ju.
SPANISCH: Bennos dias. Me iamo Miriam. Soj austriaka. Motscho gusto ten aberla konosido.
FRANZÖSISCH: Bo schua. Schö m'apell Miriam. Schö swi Otrischienn. Schö swi örö dö fair wotr konessans.
RUSSISCH: Strawschwujte. Menja sowut Miriam. Ja austrika. Ja rada posnakomitschja.
ARABISCH: Sabasch alcheir. Ana esmi Miriam. Ana nimsaivuja. Je soruni altarov halajki.
CHINESISCH: Ni Hau. Wo de sing ming schi Miriam. Ua schu audili. Hen gau sing ren schi ni.

AN DIE BÄUME GEKETTET

Die Entscheidung ist denkbar knapp. Die Menschen vor den Fernsehern zittern vor Spannung. Wird in Österreich die Kernkraft erlaubt oder nicht? Die Gegner setzen sich durch, bei dieser Volksabstimmung am 5. November 1978. 50,47% zu 49,53% lautet das Ergebnis gegen das Kernkraftwerk im niederösterreichischen Zwentendorf. Nie soll in Österreich Strom mit Hilfe der Atomspaltung erzeugt werden. Es ist eine herbe Niederlage für Bundeskanzler Bruno Kreisky. Und ein Sieg für die Umweltschützer, die zum ersten Mal in der Geschichte Österreichs auftreten. Sechs Jahre später kommt es wieder zum Streit zwischen Umweltschützern und der österreichischen Regierung. In der Hainburger Au in Niederösterreich soll ein Wasserkraftwerk entstehen. Ein riesiges Bauwerk, das Strom erzeugt, mitten in einer unberührten Landschaft. Viele Österreicher wehren sich dagegen. Allen voran der greise Nobelpreisträger Konrad Lorenz.

Er befürchtet, daß der Lebensraum für viele Tiere und Pflanzen zerstört wird. Doch die Bagger rollen an. Da besetzen Tausende die Hainburger Au. Ketten sich an Bäume. Übernachten dort mitten im kalten Winter, obwohl die Polizei das verbietet. Am 19. Dezember schlägt die Polizei zu. Prügelnd will sie die 2000 Demonstranten vertreiben. Es gibt 26 Verletzte. Ganz Österreich ist empört. Da ruft in letzter Sekunde Bundeskanzler Sinowatz den Weihnachtsfrieden aus. Verhandlungen zwischen Umweltschützern und Regierung beginnen. Und am 2. Jänner 1985 fällt endgültig der Beschluß, das Kraftwerk nicht zu bauen. Die Umweltschützer haben gesiegt. Wie wichtig dieser Sieg ist, wird sich erst später herausstellen. Wie gut die Entscheidung gegen die Kernkraft 1978 ist, das wissen wir bereits. Denn am 26. April 1986 kommt es im ukrainischen Ort Tschernobyl zum »größten anzunehmenden Unfall« in einem Atomkraftwerk. So ein »Super-Gau«, wie die Abkürzung für diese schreckliche Katastrophe heißt, verseucht weltweit Äcker, Wiesen und Wälder mit Radioaktivität. Wer zuviel Radioaktivität abbekommt, wird krank. Natürlich sind die Folgen in der Ukraine am schlimmsten. Doch die Auswirkungen spürt man sogar im weit entfernten Österreich. Bis heute gelten zum Beispiel manche Pilze als radioaktiv verseucht.

Stellt euch einmal vor, so ein Unfall im Atomkraftwerk passiert in Österreich! Da würden viele Menschen sterben. Zum Glück ist bei uns ja die Kernkraft seit 1978 verboten. Doch in unseren Nachbarländern, vor allem in Tschechien und in der Slowakei, wird weiter an Atomkraftwerken gebaut. Das kann eines Tages sehr gefährlich werden!

DER EISERNE VORHANG

Der Mann ist vergeßlich, keine Frage. Als Journalisten Kurt Waldheim 1986 nach seinen Taten im Zweiten Weltkrieg fragen, sagt er nur: »Ich kann mich nicht erinnern.« Später sagt er auch noch: »Ich habe damals nur meine Pflicht erfüllt.« Diese Worte werden in Österreich zum Skandal. Denn Kurt Waldheim will Bundespräsident von Österreich werden. Seine Gegner werfen ihm vor, daß er freiwillig zu den Nazis (siehe Seite 132) gegangen ist. Und er selbst will alles vergessen haben! Viele glauben ihm das nicht. Noch mehr Österreicher aber halten zu Waldheim. Sie meinen, daß er im Krieg nichts Verwerfliches getan hat. Heftiger Streit um Waldheim entbrennt auch im Ausland. Die Amerikaner, die Engländer und die Franzosen wollen mit Kurt Waldheim nichts zu tun haben. Die Österreicher lassen sich davon nicht beeinflussen. Sie wählen Kurt Waldheim am 8. Juni 1986 zu ihrem Bundespräsidenten. Gleich am nächsten Tag tritt sein mächtigster Gegner zurück. Fred Sinowatz will nicht länger Bundeskanzler von Österreich sein. Sein Nachfolger heißt Franz Vranitzky. Dieser Wechsel ist nicht der einzige, der unsere Heimat im Jahr 1986 bewegt. Am 14. September tritt ein neuer Erzbischof seinen Dienst im Wiener Stephansdom an.

Kurt Waldheim

Hans Hermann Groër, der die Tradition schätzt, folgt auf Franz König, der neuen Wegen immer aufgeschlossen gegenüberstand. Am selben Tag wird Jörg Haider neuer Obmann der Freiheitlichen Partei Österreichs. Für Bundeskanzler Franz Vranitzky von der SPÖ ist das der Grund, warum er mit der FPÖ nicht mehr zusammenarbeiten will. So beginnt er mit der ÖVP zu regieren. Diese Regierung haben wir bis heute. Sie führt Österreich auch in dem Jahr, in dem weltweit die bedeutendsten Änderungen seit dem Zweiten Weltkrieg geschehen. Denn seit 1945 ist Europa in zwei verfeindete Hälften geteilt. Im Westen, zum Beispiel in Frankreich, Italien oder in Westdeutschland, regieren Demokraten. Im Osten, zum Beispiel in Ungarn, der Tschechoslowakei oder Ostdeutschland, herrschen Kommunisten. Diese bauen an ihrer Westgrenze Mauern und Zäune aus eisernem Stacheldraht. Diese Zäune zwischen dem Westen und dem Osten heißen »Eiserner Vorhang«. 44 Jahre lang bleibt der Eiserne Vorhang bestehen. Bis Ungarn 1989 beginnt, die Zäune an den Grenzen abzubauen. Sofort fliehen Tausende Ostdeutsche, die in Ungarn urlauben, nach Österreich. Wie im Jahr 1956 (siehe Seite 146) nimmt unsere Heimat die Flüchtlinge herzlich auf. Mit der Zeit fliehen aber so viele, daß die Kommunisten in Ostdeutschland Angst bekommen. Die Regierung dort tritt zurück. Damit haben die Ostdeutschen endlich die langersehnte Freiheit. Sie nutzen diese Freiheit dazu, aus Ostdeutschland und Westdeutschland einen einzigen Staat, das heutige Deutschland, zu machen. Noch im selben Jahr werden auch alle anderen Länder im Osten Europas frei. Der »Eiserne Vorhang« existiert nicht mehr. Alle Menschen in Europa hoffen, daß er nie wieder errichtet wird.

Österreich im Weltraum

Mit 30 000 Stundenkilometer Geschwindigkeit schießt die Rakete gen Himmel. Mit an Bord ein Perchtoldsdorfer Techniker. Franz Viehböck ist der erste Österreicher im Weltraum. Nach zahllosen Tests ist er für würdig befunden worden, mit der russischen Rakete Sojus TM-13 Mir zu fliegen. Am 4. Oktober 1991 um 8 Uhr 30 erreicht die Sojus ihr Ziel. Die Weltraumstation Mir. Hier soll Franz Viehböck wissenschaftliche Versuche durchführen. Ganz Österreich wird dabei Zeuge einer rührenden Geschichte. Denn acht Stunden nach Franz Viehböcks Start ins Weltall kommt sein erstes Kind zur Welt. Lächelnd zeigt Frau Vesna Viehböck die kleine Carina ihrem Papa. Und der bestaunt sein Baby aus 350 Kilometer Höhe. Eine Fernsehverbindung in den Weltraum macht's möglich. Von dieser Technik wäre wohl ein anderer österreichischer Weltraumforscher schwer beeindruckt gewesen. Der noch in Österreich-Ungarn geborene Hermann Potocnik. Dieser vormalige Soldat schreibt 1928 das Buch »Das Problem der Befahrung des Weltraums«. 41 Jahre vor der ersten bemannten Mondlandung sagt Potocnik genau, wie man in den Weltraum fliegen könnte! Leider fehlen dem Österreicher Geld und moderne Technik. Er kann die Fahrt in den Weltraum nur wissenschaftlich beschreiben. Sein Traum, selbst ins Weltall zu kommen, erfüllt sich nicht. Auch ein anderer Österreicher hofft schon seit Jahren vergebens. 1964 bucht der Wiener Gerhart Pistor eine Reise zum Mond. Er möchte der erste sein, der als Tourist zum Mond fliegt. Vielleicht hat er es oben ähnlich lustig wie Franz Viehböck: Denn als er nach der Landung bei der Station Mir via Fernsehen von Bundespräsident Kurt

Franz Viehböck

Waldheim begrüßt wird, spielt er zu Walzerklängen mit dem österreichischen Wimpel Fußball. Dabei ist die Welt, auf die er blickt, vergleichsweise traurig. Im damaligen Jugoslawien beginnt der Bürgerkrieg. Er dauert bis heute und fordert Woche für Woche zahlreiche Tote und Verletzte. Österreich ist in zweifacher Hinsicht betroffen. Zum einen verstärkt im Jänner 1991 das Bundesheer die Grenztruppen. Zum anderen kommen seither Tausende Flüchtlinge aus dem Kriegsgebiet nach Österreich. Diesmal aber werden sie nicht so herzlich empfangen wie die Ungarn 1956. Ein garstiger Streit beginnt unter den Politikern. Die Flüchtlinge bangen heute mehr denn je, ob sie in Österreich bleiben dürfen oder doch in ihre vom Krieg zerstörte Heimat zurückgehen müssen.

Bastle eine Rakete! Du brauchst eine Klopapierrolle, einen Bogen dickes Papier, Klebstoff, Farben, Schere, Zirkel und Watte. Mit dem Zirkel zeichnest du einen Kreis mit einem Radius von 4 cm und darum herum einen von 5 cm. Den Kreis schneidest du aus und in den Rand 1 cm Zacken hinein. Dann schneidest du den Kreis bis zur Mitte ein. Das Ganze rollst du zu einem Kegel zusammen und klebst die eingeschnittenen Zacken in den oberen Rand der Klopapierrolle. Danach schneidest du zwei Flügel aus dem dickem Papier, stopfst Watte in die untere Öffnung der Rakete und bemalst das ganze Ding so bunt wie möglich.

DIE BOMBENLEGER

Auf dem Tisch liegen Postkarten, Zeitungen, Briefe. Routiniert sieht der ältere Mann im Anzug die Schriftstücke durch. Nur selten achtet er auf den Absender. Da passiert das Schreckliche. Eine Briefbombe explodiert und verkrüppelt die linke Hand des Opfers. Der Wiener Bürgermeister Helmut Zilk ist bereits das dritte Briefbombenopfer im Dezember 1993. Die erste Verletzte heißt Silvana Meixner und arbeitet für die Minderheitensendung im Fernsehen. Das zweite Opfer ist Pfarrer August Janisch aus der Steiermark. Insgesamt werden 1993 zehn Briefbomben verschickt. Alle Adressaten überleben. Doch der Schock über das Attentat sitzt bei jedem tief. Und es sollte nicht das letzte sein. Denn schon wenige Monate später rollt die nächste Bombenserie an. Diesmal ist die Bombe gegen eine zweisprachige Schule in Kärnten gerichtet. Es trifft den Polizisten Theo Kelz. Die Rohrbombe reißt ihm beide Hände weg. Im Oktober 1994 landet eine von vier Briefbomben beim slowenischen Verleger Lojze Wieser. Ihm passiert nichts, denn er ist gerade bei einer Buchmesse im Ausland. Weitere Briefbomben bekommen Menschen, die in Ausländerberatungsstellen arbeiten. Im Februar 1995 kommt es zum bisher schlimmsten Anschlag. Eine Rohrbombe wird in einer Roma-

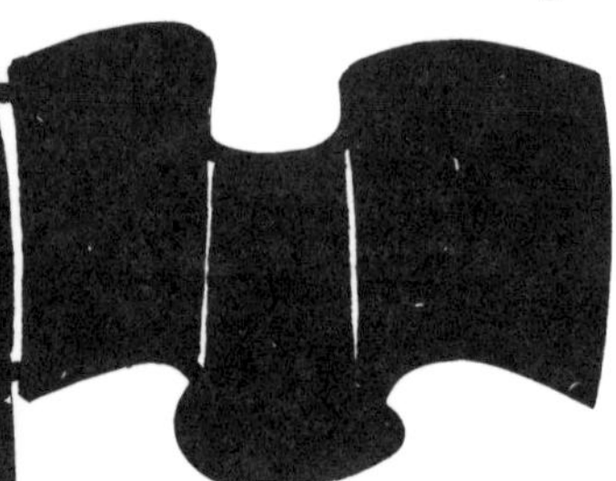

Siedlung im burgenländischen Oberwart gelegt. Vier Roma sterben. Wenige Tage später nehmen zahlreiche Politiker und andere berühmte Persönlichkeiten an den Trauerfeierlichkeiten teil. Vier Monate später versetzen wiederum Briefbomben, diesmal gegen die Fernsehmoderatorin Arabella Kiesbauer und ein Linzer Partnerbüro, Österreich in Angst und Schrecken. Erfolg bei der Suche nach den Terroristen bleibt der Polizei bisher versagt. Vermutlich sind es Neonazis. Das sind jene

Menschen, die die Ideen von Adolf Hitler (siehe Seite 134) und das, was er und seine Anhänger anderen Menschen angetan haben, gut finden. Echte Beweise aber fehlen der Polizei. Eines ist jedoch sicher. Immer sind die Bomben gegen jene Menschen gerichtet, die sich für die slowenische und kroatische Bevölkerung (siehe Seite 158) und für die Roma und Sinti einsetzen. Aber auch jene Menschen sind in großer Gefahr, die der ausländisch sprechenden Bevölkerung in Österreich helfen. Denn häufig fliehen Menschen aus anderen Ländern, weil dort Krieg ist. So sind in den letzten Jahren viele Kroaten und Bosnier aus Restjugoslawien geflüchtet, weil sie dort nicht mehr sicher leben können. Hier in Österreich wollen diese Menschen ein neues Leben aufbauen. Dabei sind ihnen die Österreicher in Beratungsstellen behilflich. Die »Bajuwarische Befreiungsarmee«, so nennen sich die Menschen, die die Bomben legen, sind dafür, daß es in Österreich nur Leute gibt, die deutsch sprechen. Um das zu erreichen, versuchen sie all jene einzuschüchtern, die für einen Staat sind, in dem viele verschiedene Kulturen zusammenleben. Bei Helmut Zilk hatte die »Bajuwarische Befreiungsarmee« keinen Erfolg. »Wer glaubt, daß er mich mit einer Bombe zu einer anderen Meinung bringen kann, der hat sich geschnitten«, sagt der Wiener Bürgermeister, nachdem er das Spital mit verbundener Hand verläßt. Bis zum Ende seiner Amtszeit als Wiener Bürgermeister unterstützt Helmut Zilk, wie viele andere Österreicher, Menschen, die bei uns um Asyl ansuchen.

DAS BUSSERL DES MINISTERS

Versonnen sitzt die junge Politikerin in ihrem gepolsterten Sessel. Plötzlich reißt sie eine feuchte Berührung aus ihren Gedanken. Ihr Sitznachbar hat ihr ein Busserl auf die blasse Wange gedrückt. »Wahnsinn!« ruft Brigitte Ederer, die Geküßte. In Österreichs Regierung ist sie zuständig für alles, was Europa betrifft. Der Küsser an ihrer Seite heißt Alois Mock und ist Österreichs Außenminister. Er ist für Verhandlungen mit anderen Politikern aus anderen Staaten zuständig. Mister Europa, so wird er ab diesem 2. März 1994 genannt: Denn obwohl er schwer krank und müde ist, hat er in der Woche vor dem denkwürdigen Kuß gemeinsam mit anderen Politikern Österreichs Beitritt zur EU verhandelt. »EU«, das ist die Abkürzung für die »Europäische Union«. Darunter versteht man all jene Staaten, die gemeinsame Wege in Europa gehen. Jeder Mensch innerhalb ihrer Grenzen darf wohnen, lernen und arbeiten, wo er will. Wer nicht Mitglied der EU ist, der muß erst anfragen, ob er das tun darf, und viele Formulare ausfüllen. Deshalb wollen die meisten Politiker, allen voran Alois Mock, daß Österreich Mitglied der EU wird. Im Februar 1994 geht's nur noch darum, wieviel Geld Österreich der EU für den Beitritt zahlen muß. Die Vertreter der EU und Österreichs streiten viele Nächte lang. Schließlich einigen sich die Politiker. Fehlt nur noch, daß auch das österreichische Volk zu-

ÖSTERREICH IST DABEI

Alois Mock

stimmt. Am 12. Juni 1994 ist es soweit. Zwei Drittel aller Österreicher stimmen für die EU. Damit ist der Weg für den Beitritt am 1. Jänner 1995 frei. Nur einer kann sich nicht sehr lange über diesen Erfolg freuen. Mister Europa, Alois Mock, muß schon bald nach dem EU-Beitritt aus der Regierung ausscheiden. Seine Krankheit ist unübersehbar schwer geworden.

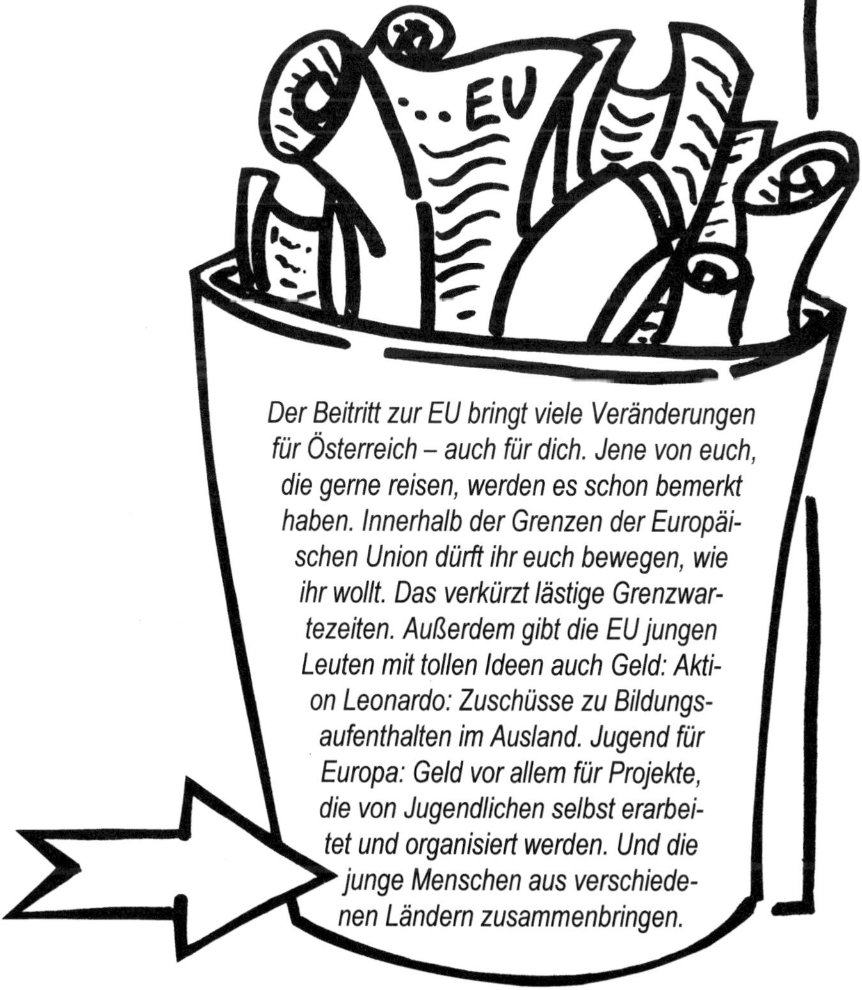

Der Beitritt zur EU bringt viele Veränderungen für Österreich – auch für dich. Jene von euch, die gerne reisen, werden es schon bemerkt haben. Innerhalb der Grenzen der Europäischen Union dürft ihr euch bewegen, wie ihr wollt. Das verkürzt lästige Grenzwartezeiten. Außerdem gibt die EU jungen Leuten mit tollen Ideen auch Geld: Aktion Leonardo: Zuschüsse zu Bildungsaufenthalten im Ausland. Jugend für Europa: Geld vor allem für Projekte, die von Jugendlichen selbst erarbeitet und organisiert werden. Und die junge Menschen aus verschiedenen Ländern zusammenbringen.

Erich Ballinger
Gerda Anger-Schmidt

Noch schlimmer geht's immer

Langweilige Schulstunden? Zuwenig Taschengeld? Ärger mit den Eltern wegen des unaufgeräumten Zimmers? Alles kein Problem mehr, wenn du dieses Buch gelesen hast. Hier erfährst du, wie man mit diesen unangenehmen Dingen spielend fertig wird. Aber das ist noch lange nicht alles! Du kannst zum Beispiel auch testen, ob du ein schlimmes Kind bist. Dazu gibt's noch jede Menge Sprachspielereien, freche Reime, Ratespiele, Comics, Infos über böse Buben und allerlei Aufmüpfiges. Kurzum, schlimme Sachen zum Lachen – rund um die Uhr!

168 Seiten

UEBERREUTER